# 順張りスイングトレードの極意

最強トレーダーの知恵から
ボラティリティブレイクアウト活用術まで！

荻窪 禅

彩流社

はじめに

# 臆病者が生き残り、勇敢（向こう見ず）な者が消える

2020年春。世界は未曾有の大厄災に襲われています。前年発生した脅威の新型コロナウイルスであるCOVID-19が世界中で猛威を振るって、次々に人が倒れていっています。一般市民はもちろんのこと各国要人までもが次々にこれに罹患し、世界中の大都市が封鎖され、医療体制が崩壊する等々、「果たしてこれは現実なのか？」と目と耳を疑う地獄のような事態が目前に展開されているのです。

人々は恐れ慄いて家から出ようとせず生命最優先の防御態勢を取っているため、経済は完全に逆回転し、体力のない店や企業から次々に倒れ始めています。言うまでもなく、世界の株式市場はかつてないスピードで大暴落し、商品や不動産もまた大暴落の様相を呈しています。

果たしてこの大厄災の結末がどうなるのか？　それは神ならぬ身には到底回答不能ですし、後世恐らくはコロナショックと呼ばれるであろうこの大暴落を経験中の株式市場がどうなるのかも、同様に全くもって不透明です。ただ、このような不透明な状況下で、一つだけ明らかになったことがあります。いや正確に言えば、決して今回に限った話ではなく、マーケットが未曾有の大暴落に見舞われる度に明らかになることなのですが。

それは、マーケットにおいては「臆病者が生き残り、勇敢（向こう見ず）な者が消える」という紛れもない事実です。

### ❖なぜ、実力がある投資家でも致命的な間違いを犯してしまうのか

２０２０年1月23日。COVID-19の劇的な感染拡大を受け、中国の武漢が封鎖されました。東京の人口の約８割にあたる人口約１１００万人を抱える大都市の封鎖です。「これはただ事ではない。また人が自由に移動する現代社会にあってはどの国も対岸の火事などとは言っていられない」。正常なリスク感覚を持つ者であれば、誰しもがそう強く認識したことでしょう。

ところがどうでしょう。マスメディアにおいてもネットにおいても、オピニオンリーダーや医療専門家たちはこぞって「根拠なき楽観論」をもとに事態を軽視し、心配する必要なしという間違ったメッセージを発信するといったことが頻出しました。

投資家もまた例外ではありませんでした。相当な実力者と目され多くの追随者を抱える投資家であっても、「今回の事態は大したことにはならないであろう」との楽観的な見通しから持ち株をそのまま放置したばかりか、「あらゆる指標から判断してそろそろ下げ止まるはずだ」と言いつつ、買いポジションを落とすどころか下げ途中でどんどん強気に買い増しをしていく者が多く現れました。

仮に保有株式の評価額が10分の1になったとて平均的日本人の生涯年収を超えるような資産額を保てるだけの金銭的余裕がある彼らはまだよいでしょう。問題なのは、彼らの言うことを信じて全資産を投入して、大暴落をまともに喰らうことになってしまった追随者たちです。安易な楽観論を無邪気に信じて行動した彼らの自己責任と言ってしまえばそれまでですが、これまでも大暴落がある度に同様の光景が繰り返されるのを見てきた筆者としては、何とも形容し難いやるせなさを感じるしかありませんでした。

それなりに経験と実力がある投資家であってもなぜこうも簡単に致命的な間違いを犯してしまったのでしょうか？　それは、過去の経験から見て「このあたりで下げ止まるはずだ」という強い確信を持ったからでしょう。近いところでは2007~2008年のリーマン・ショックという大暴落があったため、「さすがにリーマン・ショックほどの下げになることは絶対ないだろう」という楽観的なものが当初のコンセンサスだったと言えます。

しかし、実際に起きたのはリーマン・ショックなどとは比較にならないスピードでの一直線の大暴落。はっきり言って、相場の先行きを読むという意味では「過去の経験」が何の役にも立たなかったどころか、これまであらゆる大暴落を生き残ってきたのだという奢りを生んだだけとなり、結果としてはむしろ損失を拡大させるだけの害悪にしかならなかったというのが実態でしょう。

## ❖常識では到底理解できないことが起こった時、経験は逆に足枷となる

思い起こせば、我々日本人の記憶に生々しい2011年の東日本大震災においても、多くの悲劇が発生しました。建物の倒壊などで直接的に亡くなられた多くの方々だけでなく、「(自身の経験から)まさかここまでは津波が到達することはあるまい」と事態を軽視してしまったことにより、更に多くの命が想像を絶する大津波の犠牲となってしまったのです。

筆者は勿論、人々の経験そのものの意味や価値を否定するものではありません。しかし、「経験にないこと」すなわち「自分の中にある常識では到底理解できないこと」が起こった時、経験は逆に足枷となるばかりか致命的な結果を招く害悪に変わってしまうということだけは、常に心の片隅においておくべきであると考えます。

COVID-19のウイルス禍においては、筆者が見る限り、事態の展開の当初から非常に強い警戒感や危機感を抱いていたトレーダーには、ひとつの共通点があったように思います。それは、自身が高齢であったり持病を持っていたり、すなわち、このウイルスの致死率が非常に高くなる層に属していたということでした(若く健康な人ほど警戒感が薄いように感じられ、ずっと「ただの風邪なのに一体何を恐れているのか?」といった発言を繰り返していたのは紛れもない事実です)。

またそれ以外で当初から強い警戒感を抱いていたのは、自身に及ぶリスクはさほど感じてい

なかったとしてもたとえば高齢の両親のことであったり、自分以外の他者のことを思い浮かべることで決して他人事ではないと感じられるだけの感性を持った人たちばかりでした。ただよくよく考えてみれば、たとえ自身が若く健康であり両親もまだ若いとしても、祖父母世代はそれなりの高齢者でしょうし、親戚や知り合いの中にウイルスに対する高リスク層が全くいないなどという天涯孤独の人は現実にはまずいないはずです。

換言すれば、結局のところ健全な不安を抱くことに繋がる想像力に欠ける者ほどリスクを軽視してしまったということになります。

更に広い範囲の話をすれば、アジア各国に瞬く間に広がっていくウイルス禍を目にしながら、当初欧米の株式市場は、それこそ対岸の火事といった見方により、ほとんどネガティブな反応をすることがありませんでした。しかし、いざ欧米各国へウイルス禍が広がるに連れ、ようやくことの重大さを悟ったかのように、欧米株式市場もまた暴落に次ぐ暴落といった反応を見せるようになったのです。

株価には先見性があるとは言われるものの、やはり市場参加者が切実に他人事ではなく正に自分たち自身のことと捉えるようになってはじめて、事態の深刻さが株価に織り込まれるようになっていったというわけです。そして、言うまでもなく、欧米においても、想像力があるトレーダーほど迅速な対処をし、自らの金融資産に降りかかる難をいち早く逃れることに成功したようでした。率直に言えば、自分のことだけ、あるいは自分の経験の中だけで考えることが如何に愚かであるかという教訓を、このウイルス禍は改めて世界中の市場参加者に与えたと言えそうです。

## ❖先の見えない相場は、投資家ではなくトレーダーに徹すべし

さて、2020年春の大暴落で「臆病者が生き残り、勇敢（向こう見ず）な者が消えた」株式市場ですが、大雑把に言えば、無傷でいたりむしろ利益を出していた者のほとんどは「トレーダー」であり、逆に壊滅的な打撃を受けた者のほとんどは「投資家」だったようです。トレーダーと投資家は重なる部分もありますし、明確に区分けできるものではないものの、一般論としては、大まかな特性の違いを下表のようにまとめられるものと筆者は考えています。

| トレーダー | 投資家 |
|---|---|
| （超）短期 | 中長期 |
| ロング＆ショート | ロングのみ |
| 日々の値動き重視 | 日々の値動き軽視 |
| 臨機応変 | どっしり構える |
| 需給重視 | 需給は気にしない |
| 臆病者 | 楽天家 |
| 未来は分からない | 明るい未来を信じる |

筆者は、トレーダーと投資家のどちらがいいとか悪いとか言うつもりはありません。それぞれによさがありますし、たとえばバブル期であったり、あるいは近いところではアベノミクス相場と持て囃された2013～2017年あたりであれば、ガチャガチャと余計な売買などせず目一杯買った上で黙ってホールドし続けるのが最強の相場であり、正に投資家の天下であったと思います（換言すれば、投資家の成績は単に「いつ投資を始めたか（やめたか）」に大きく依存するため、実力ではなく単なる運が成績を左右する割合としては、投資家のほうがトレーダーよりもはるかに大きくなると言って過言ではありません）。

更に考えなければいけないことは、人によって性格・嗜好性・資産額・リスク耐性等々の要因がバラバラであって、たとえばトレーダーにしかなれない人もいれば、逆に投資家にしかなれない人もいるということも事実としてあります。要するに、あくまでも筆者が強調したいポイントというのは「臆病者はトレーダーに向いている」という点であり、これからは先の見えない相場が続くものと漠然とした不安を感じるような人であれば、投資家ではなくトレーダーに徹したほうがよいのでは？ということだけです。勿論、筆者自身は、これまでの相場歴の中で自らをよくも悪くも投資家と考えたことは一度もなく、トレーダーであり投機家であると考えています。

この日本においては、デイトレをはじめとする短期売買に関して「悪玉論」が喧伝されたこともありますし、いまだに世間では、トレーダーは投資家に対して下位の存在と見なされていることも否めません。しかし、「生き残り」という最大にして唯一の目標のためには、臆病か勇敢かなど全く気にするまでもなかったように、上位の存在だろうが下位の存在だろうが本当に全くどうでもいいことなのです。

相場においてはやはり「生き残り」なのであって、その意味で筆者は投資家ではなくトレーダーというスタンスを堅持するつもりですし、今後もそれについては一切ブレることなどないでしょう。「勝つこと」や「儲けること」よりも、まずは「負けないこと」「損しないこと」を最優先し、どのような時代になろうとも、またどのような相場になろうとも「生き残り」を図っていくのみなのです。

### ❖「トレーダー」として生き残っていくための相場スキルを一冊に

それにしても、これほどまでの大暴落を経て、この本を手に取っておられる方々は本当に幸運であると思います。それすなわち、今後も相場を張っていくだけの資力と気力の両方を兼ね備えていることの証明になるからです（あるいはこれから相場を始めようという方もおられるかもしれませんが、比率としてはこの相場に踏みとどまり生き残った方がほとんどであることでしょう）。

非常に重要で貴重な経験をされたのは間違いありませんが、それでもこの経験がすべてではなく「相場では何事も起こり得る」ということを改めて肝に銘じた上で、「トレーダー」として生き残っていくための相場スキルをしっかりと身につけていただきたいというのが、筆者の心からの願いになります。

実際、筆者はこれまで実に多くの方々から、「どうしたら株で勝てるようになるのか？」と聞かれ続けてきました。相場の厳しさを十分に知るだけに、「向かないと思うのであれば、相場以外にも色々な道があるのだし、相場は辞めたほうがよいのでは？」と率直に伝えることも多くありましたが、時にはその熱意に負けて、また時には「果たして負けないトレーダーを養成できるのか？」という実験の意味もあって、彼らの願いを聞き入れることがありました。

その結果、すでに決して少なくない数の「勝てるトレーダー」の誕生を手助けしてきたという自負があります。しかし、それはあくまでもボランティアとしての活動であって、株式スクールのようなものの運営で初心者を指導してお金を得ようとしたことはこれまでなく、またこれからそうしたいといった考えも一切ありません。逆に、そうした切実な願いを持つ皆さんの質問にいちいち答えなくても筆者の考えを代弁してくれるようなものがあれば楽になる。そんな思いから書き始めたのが本書です。

## ❖「勝てるトレーダー」になるために、超えなければならない壁

COVID-19のウイルス禍は、世界の人々にとっての単なる大厄災となっただけではなく、同時にこの世界に実に様々なパラダイムシフトを急速にもたらしつつあるように感じられます。たとえば、顔を合わせてのコミュニケーションからデジタルコミュニケーションへの急速なシフト（テレワークの一般化）、それに伴うオフィスの重要性・必要性に対する懐疑等々。また、大きく衰退する業種や職種も非常に多く出てくることでしょう。

そんな中、そもそも誰にも全く会わず、極端なことを言えば自室から一歩も出ることなくそれなりに稼げてしまうトレーダーは、たとえパンデミックのような最悪の事態に陥ろうとも継続できてしまうという意味ではベストと言えます。

そして、これから始まる新しい時代にあって、非常に堅牢かつ羨望されるようなワークスタイルと考えられるようになる可能性すらあるかもしれません（もっとも取引所閉鎖といった事態に至ってしまった暁には、さすがのトレーダーも利益の出しようすらなくなってしまいますが、そうなった際には、地球上のほとんどすべての仕事が立ち行かなくなってしまっていることでしょう）。

ただし、言うまでもないことではありますが、実際に「勝てるトレーダー」になるためには、決して少なくない数の超えなければならない壁が立ちはだかっています。筆者自身、トレード

を始めたのは30年以上も前になりますが、日本株の専業トレーダーとなったのは7年前。すなわち20年以上もの期間、勝ったり負けたり、と言うよりむしろ負けることのほうが多かったというのが実情なのです。

しかし、2013年からは「負けない」ことを最優先し、月単位ではマイナスを計上したことが一度もありません。爆発的に資産を増やす可能性があるがその分一歩間違えれば退場もといったリスキーなことをしないのは勿論のこと、相場が悪いと見れば先物のショートなどによるヘッジもしっかりとしつつ、ひたすら資産曲線が右肩上がりとなるようなトレードを心掛けて今に至っています。

「勝てるトレーダー」になるための壁ですが、多くの方はそれらの壁の存在にすら気づいていないというのが実態です。結果的に無為に長い年月を過ごしてしまうばかりか、ほとんどの場合、最終的に夢破れて株式市場からの退場を余儀なくされることになります。

そこで、まずはその壁とは何か、そしてその壁を超えるための具体的な方法論について、本書ではできる限り分かりやすく解説していきます。ただし、はじめに覚悟していただきたいのですが、読者の皆さんの多くにとっては、すでに身に染み付いてしまったであろう悪い習慣や癖を一度しっかりリセットして、全く新たな視点から株に取り組んでいただく必要があります。それには相当な勇気と覚悟が要りますし、また一朝一夕でそうした新たな視点が習慣化されて劇的に上達するということもありません。

考えてみれば当然のことではありますが、あらゆる分野において、本を読んだだけでプロになった人はいません。進むべき道をしっかり理解した後、日々の絶え間ない努力と研鑽を積み重ねる中で、少しずつ成長していくというのが実態です。

しかし、なぜか何らかの秘訣さえ分かればすぐにでも稼げるようになると大変な勘違いをする者続出なのが相場の世界です。そのような非現実的な期待をされる方は、この先読み進んでいっても時間の無駄にしかなりません。早速本書は捨てて、「簡単に儲かる」「楽に儲かる」と謳う本を読まれることを強くお薦めしたいと思います。

## ❖メインはスイングだが、短期・長期すべての方へ

一口に株式売買と言っても、数年（場合によっては数十年）も保有し続ける長期投資から場合によっては数秒単位で反対売買するスキャルピングに至るまで、その保有期間は実に様々です。筆者は実際には色々な時間軸での売買をしますが、本書では基本的に、筆者が日々主として取り組んでいる数日から数週間のスイングトレードに絞って書き進めていくことにします。

しかし、お伝えする考え方や手法は、さすがに長期投資とは相容れない部分は出てくるものの、基本的にスイングトレード以外の時間軸の売買にも十分通用するものであり、たとえば持ち越

しはしないスタイルのデイトレーダーにとっても読む価値のある内容になっているものと自負しています。

また、本のタイトルには「順張り」と入っていますし、ことスイングトレードについては「順張り」が基本であることは間違いないとも考えているのですが、実際の売買において筆者は、スイングトレードであっても逆張りも採り入れています。具体的な手法については本文の中で詳述しますが、順張りが基本ながら必ずしも逆張りを否定したり排除したりするものではないということだけは、予めお伝えしておきたいと思います。

また筆者は元々システムトレードに専念していた時期がありますし、裁量トレードが中心となった今でも、システムトレードの要素をある程度は採り入れています。したがって、システムトレードや付随するテクニカルの考え方についても多少は本書内で触れますが、これについては全くの未経験者でも理解できるよう、できる限り専門用語は使わないようにしています。

繰り返しになりますが、筆者は自身のことを投資家ではなくトレーダーと考えています。しかし、相場に関わる様々な方々との交流を通じ、多くの尊敬する中長期投資家の知り合いが出来ましたし、これまでのトレーダー人生の中で彼らから得たものも実に大きいものがあったことは紛れもない事実です。

本書では、基本的に中長期投資について言及することはなく短期トレードに絞って話を進めますが、投資家やその志望者にとっても必ずや参考になることはあると自負しています。そうした方々には、トレーダーがどう考えどう行動しているのか本書から汲み取った上でご自身の投資に活かしていただければ幸いです。また逆に、今後は投資家を自称するのをやめトレーダーとして大成したいという方は歓迎しますし、本書をきっかけに「負けないトレーダー」へと成長することになるのであれば、筆者としては望外の喜びとなります。

順張りスイングトレードの極意［目次］

[第5章] 順張りスイングトレードの秘訣



[第6章] 株価に翻弄されないために

［第8章］

## 予測不能な相場で生き残るために



［おわりに］

# 第1章

# まずは生き残ること

生き残るために①

# トレーダーに、最も大切なこと

「まずは生き残れ、儲けるのはそれからだ！」（ジョージ・ソロス）

## ❖相場でも自動車の運転でもやってはいけないことは同じ？

「勝てるトレーダー」になることを目指す皆さんに、まずは最も大切なことからお伝えしたいと思います。

最も大切なこと、それは決して銘柄分析能力に代表されるようなスキルを身につけることなどではありません。

ズバリ、生き残ることです。

トレードそのもので命を失うことはありません。しかし、過去の長い歴史の中においては、無謀なトレードで全財産を失ったばかりか巨額の借金を背負い、実際に破滅にまで追い込まれてしまった実例は枚挙に暇がありません。これほどまでに大切なのが生き残ることであるのに、トレードを始めるにあたってそのことに一切考えが及ばない人がほとんどであるのは一体どうしたものでしょうか？

自動車の運転免許更新に行かれた方なら全員思い当たるかと思いますが、その講習で強調されるのはただひたすらに「安全運転」です。

それは、違反運転者は勿論のこと優良運転者の講習でも全く同様であって、上手な運転やら格好いい運転などは全く教えられることがありません。また勿論、そもそも免許取得のために通う自動車教習所では、ブレーキ操作をはじめとするリスク管理があらゆる面から徹底的に指導されることになっているのです。

これはひとえに、自動車は大変に便利な道具である反面、一歩間違えれば自分だけでなく他人をも巻き込む大惨事を引き起こすことになってしまうという非常に危険な側面を併せ持っているためです。

事故を起こしてしまったら取り返しがつかないというのは、相場でも全く変わりません。無論、相場における「事故」とは大切な資産をすべて失ったり借金を背負ってしまったりということなのですが、いずれにしても、そういう事態に陥れば、もう相場は続けられなくなってしまいます。

筆者の周りにも、今でこそ安定的に勝てるまでに成長したものの、かつては一度のみならず複数回の退場を余儀なくされたトレーダーが沢山います。そして実は、かくいう筆者自身も決して例外ではありません。完全に相場を諦めた経験が三回ありますし、それだからこそ、とにかく相場から退場させられないことの重要性についてはいくら強調しても強調しきれないと痛感しているのです。

では、相場で事故を起こさないために必要なことは何かと言えば、資金管理に尽きるということになります。

生き残るために②

# 資金管理とリスク管理は必須

## ❖資金管理なんて退屈？

資金管理。これまた何と退屈な言葉でしょうか？

株式市場への参入者の中には、あわよくば一攫千金、できるだけ短期間で一生遊んで暮らせるような大金を稼ぎ出したいとの夢を持っている人は少なくないでしょう。

確かに株式市場には夢がありますし、この本を手に取られている方の中にも、「資金管理なんて後でいいから、まずは手っ取り早く勝ち方を教えてほしい」と思われる方が多数であろうことも想像に難くありません。

しかし、自動車運転と全く同様に、やり方を一歩間違えれば奈落の底に落ちるような大変危険な側面を相場が持っている以上、それに対する備えなしに実際の株式売買へと突き進むことはあってはならないのです。

2020年のコロナショックにおいても、資金管理を誤ったことから、過去の数々の大暴落相場を乗り越え株式市場でしぶとく生き残ってきたベテラン勢の多くが大打撃を受けてきたわけですが、考えてみれば、そうした彼らも実は、その前に発生し数多の株式市場参加者を破滅に追いやったリーマン・ショックという歴史的大暴落をも見事に乗り越えた歴戦の雄であったことは紛れもない事実です。

そのことは素直に称賛すべきであり、敬意も払われるべきではありますが、逆に言えば、そうした優れた「生き残り組」をも簡単に地獄に突き落とすような動きをするのが相場というものの怖さであり、今後はコロナショックよりも更に悲劇的な相場がやってくる可能性も当然あります。

となれば、**トレーダーが生き残るために常に意識すべきものは、とにもかくにも資金管理**ということになるわけです。

### ❖熟練者ほど重視し、初心者ほど軽視する

さて、株を教えるスクールやら指導者とは一切無縁のままここに至ったためにそれらの内情は全く知らず単なる推測に過ぎませんが、そうした場では、果たして退場をしないための資金管理が、自動車教習所で教えるリスク管理と同じレベルで徹底して指導されているのでしょうか？

中には良心的なものもあるのかとは思いますが、おそらくは資金管理については全く触れられないというケースが大部分を占めているのではないでしょうか？

また、筆者自身、株に関する様々なオフ会などに参加した経験がありますが、そのほとんどが「どの銘柄が狙い目か？」といったものでした。要するに、株式市場への参加者が集まるところでは、どうしても儲けることばかりに話題が偏りがちであり、守りの部分、つまり資金管理が話題になったことなど、ついぞなかったということです。

このように、最重要事項であるにもかかわらず実は最も軽視されているのが資金管理であって、それゆえに市場で暴落などが起こる度に大量の退場者が出るということが延々と繰り返されることになってしまうのです。

ハッキリ言えば、相場を知り尽くした者ほど重視し、逆に初心者のように何も知らない者ほど軽視してしまいがちなものが資金管理なのです。

### ❖資金管理以外にも、様々なリスクがある

資金管理が最重要であることは間違いありませんが、トレーダーにはその他にも管理すべきものが存在します。それらを一言でまとめて言えば「リスク管理」というものになるのでしょうが、トレーダーにとってのリスクとは資金以外にも実に様々なものがあります。

一例を挙げるなら、トレード環境です。たとえばトレード中にいきなりPCが壊れてトレードができなくなってしまうというのは、たまたまその時に大きなポジションを抱えている場合には相当なリスクになり得ます。また最近でこそ通信環境はかなり安定してきましたが、ネット自体に繋げられなくなってしまうというのも一大リスクです。

更に言うなら、特に経験の浅い者にとって見逃しがちなリスクとしては、一つの証券会社でしか取引しないというものも挙げられます。数年に一度レベルですが、各ネット証券は大規模なシステム障害を起こしていますし、過去には同様の取引プラットフォームを使っているネット証券数社が同時に障害を起こした事例すら発生しました。

証券会社が起こし得るそうしたシステムダウンリスクを避けつつ本格的にトレードで稼ぎたいのであれば、リスクヘッジとして最低でも二つか三つ、理想的には五つくらいの証券会社でいつでもトレードできる態勢を整えておくことが必要になるでしょう。

ちなみに、リスク管理の観点から見るなら、株式の保有期間は短ければ短いほど優れていると言えます。時間がゆっくりと流れていった大昔であればともかく、今や一年後はおろか一カ月後すら全く不透明な大変動期に入ってしまった感があります。

中長期投資のリスクの大きさは言うまでもありませんが、短期トレードにおいてもできれば時間軸は短めにしたほうが余計なリスクは取らずに済みます。

デイトレードのつもりで取ったポジションをスイングトレードに切り替えるというのは感心できない行為である一方、スイングトレードのつもりで取ったポジションを結局デイトレードとして閉じたというのは全く問題ありませんし、現に筆者もそうすることはよくあります。

臆病であれば投資家よりトレーダーに徹するべきですが、より臆病であるならばスイングトレードよりもデイトレードをメインとして売買していくのが最善であると思います。

同じ相場は二度とやってきません。そして相場は一瞬一瞬その形を変え、留まることなく変化し続けていくものです。

穏やかであった海が突如荒れ狂って船中の人々を死の恐怖に陥れるようなことが、相場にも当然あります。そうした厳しさを内包する相場にあってトレーダーとして長く生き残り続けようとするのであれば、とにもかくにも最低限自分自身にできること（資金管理に代表されるリスク管理）を徹底した上で変化に敏感に対応し自ら変わっていくほかないのです。

生き残るために③

# 上げ相場で一番儲かるのは初心者だが……

「いや、あの頃は本当にうまい人ならリスクを考えてトレードする局面で、リスクも考えないで全力買いとかしてたから儲かった。下手だから、そんなことができた。しかも、その時が奇跡的な大相場で恐れ知らずにいったのがたまたまハマッただけだったんだよ」（BNF）。

## ❖下げ相場で一番損をするのは？

これは今や伝説のトレーダーとなったBNF氏が、自らの初心者時代を振り返っての言葉。資金管理を全く無視した全力買いは恐れを知らない初心者にこそ可能な無謀なトレードであった、という深い反省を込めての発言です。

ここで改めて自動車運転のたとえを出しますが、経験もスキルも超一流のドライバーであるレーサーは、サーキットではない一般道ではどう運転するのでしょうか？

超高速でぶっ飛ばして自身だけでなく周囲を巻き込む大事故となりかねないようなことをす

るわけがありませんし、安全運転に徹することでしょう。

トレーダーも全く同様です。経験と実績を積めば積むほど、再起不能となる大損失だけは被らないよう、最大限の注意を払うようになるものなのです。換言すれば、たとえば短期間で資産100倍といった圧倒的パフォーマンスは、実は命知らずの初心者にだけ可能であって、逆に熟練者にはとうてい不可能なことであると言えます。

実際、右肩上がりに株価が上昇し続ける年は勿論ですが、どんな年でもある程度相場の地合が良い時期はあって、そういう時に尋常ではないパフォーマンスを出して注目されるのは、実は恐れを知らない駆け出しのトレーダーであることがほとんどです。

そして、こうしたポッと出のトレーダーが流れ星のごとくほんの一瞬キラリと輝いた後に跡形もなく消えていくというのも、昔から呆れるほど頻繁に繰り返されてきた光景であると言えます。

つまり、**恐れを知らないがゆえに上げ相場で一番儲かるのは初心者である一方、下げ相場で一番損をするのもまた初心者**なのです。どのような事態になろうとも株式市場から退場することなく長く生き残っていこうとするならば、こうした一瞬の煌めきのようなエセトレーダーの活躍を見て自分もそうなろう（無謀なリスクを取ろう）と考えるべきではありません。

### ❖長く生き残っているトレーダーは皆優れている？

念のため補足しておきますが、では長く生き残っているトレーダーが皆優れているかといえば、実はそれもまた必ずしも真実ではありません。どの世界にもやたら運が良い人はいるもので、株式トレードにおいても運の良さだけで生き残っているとしか思えない人は少なからず存在します。

さらに言えば、成功している企業経営者などに多いのですが、たとえ株式市場で大失敗しても本業で十分な稼ぎがあるためにいくらでも口座に入金することができる、いわゆる「入金投資法」という必勝法を実践できるような恵まれた立場の人もいたりします。

そういった人たちは、実際には株式市場で稼いでいるわけでもないのに、株歴だけは長いということで数々の相場を乗り越えてきたベテランということになって、そのあたりの実情を全く分かっていない向きからは一目置かれる存在だったりすることもあります。

要するに、運の良さや入金力の大きさによって株式市場で生き残り続けられる者もまた少なくないということであり、単純に経験年数の長さが実力を保証するというわけでは全くありません。

したがって実際のところは、その人の言っていることや、やっていることをしっかりと見ないと、実力で生き残り続けられる本物かどうかを見極めるのは難しいと言えます。

生き残るために④

# 跋扈する偽物に騙されない

## ❖絶対に参考にすべきではないアカウント

今のように星の数ほどのトレーダーが自由に情報発信している時代にトレードの世界に飛び込もうとする方々は非常に恵まれています。というのも、ネットのなかった時代は、周囲で（そのレベルはともかく）トレードをしている人を見つけることすら非常に難しかったからです。

本物と偽物を見分けることさえできればという条件付きではありますが、今は簡単に模範でありまた目標ともなり得るようなトレーダーをネット上で簡単に見つけることができる時代になりました。

ただ問題なのは、情報発信しているトレーダーは玉石混交、というよりも実際にはほとんどが偽物であって本物はごく僅かであるということです。たとえばツイッターの場合、フォロワー数が数万単位のアカウントであっても、見る人が見れば一発で偽物と判断できるような「絶対に参考にすべきではないアカウント」が大量に存在します。その代表的存在が（すでに仕込み済みの）銘柄を連呼してそのよさを煽り続けるようなアカウントです。

ツイッターアカウントを持っている筆者自身も経験があるのですが、純粋なフォロワーの数が1000を超えるあたりから、ある銘柄に関してツイートすると明らかに株価を動かしてしまうようになります。換言すれば、好むと好まざるとにかかわらず、フォロワー数が一定数以上になったアカウントは、程度の違いはあれどマーケットに対するそれなりの影響力を持ってしまうようになるのです。

しかし、多くのアカウントは、自分自身の「実力」ではなく「影響力」によって株価に影響を与えるようになることをあまり気持ちよいことではない、もしくはフェアではないと感じるようになるらしく、個別銘柄について言及するのは必要最小限に抑えたり、あるいは個別銘柄について自由に言及するために鍵付きのアカウントに移行したりするケースがほとんどです。

こうして銘柄選択においてそれなりの力のあるアカウントは自然と目立たなくなっていくものなのですが、問題になるのは、全く逆に銘柄連呼を一切やめないどころかむしろエスカレートして「煽り屋」と認識されるようになるアカウントです。

## ❖「煽り屋」、「商材屋」、「セミナー屋」……

「煽り屋」の目的はひとえに、その影響力を最大限生かして、自分が事前に仕込んでおいた銘柄を、ツイートを見て後からやってくるフォロワーたちに売りつけるということにあります。一旦数千人くらいまでフォロワーを増やすことに成功できれば、板の薄い小型株であれば株価への影響力は絶大になりますから、何も分かっていないような駆け出しトレーダーからすれば、「この人の推奨する銘柄はどれも上がって凄い！」という感想を持つのも、ある意味無理はないことでしょう。

このような「煽り屋」をはじめ、「商材屋」や「セミナー屋」など、トレードからではなくウブな「トレーダー」からお金を巻き上げようとする「ビジネス」に携わる偽物は、いつでも数多く跋扈しています。

また彼らは、正に「ビジネス」のためにやっているわけですので、スクリーンショットで実績を偽造したり、あるいは後出しでさも自分が上手なようにアピールする術には大変長けていますから、特に経験の浅いトレーダーは、彼らに騙されたりすることがないよう大いに注意する必要があります。

生き残るために⑤

# 本物と偽物の見分け方

## ❖平常時は、本物より偽物が輝いて見えることも

「疾風に勁草を知る」という言葉があります。意味としては、「強い風が吹いた時に初めて、それに負けないような勁い（つよい）草がどれであるかが分かる」というものになります。

一般的には耳慣れない言葉かもしれませんが、これは後漢の光武帝が初めて挙兵した際、戦況が悪化するにつれて従者は次々と逃亡していったため最後まで残ったのが王覇だけになってしまった時、光武帝が王覇に感謝の気持ちを込めて伝えた言葉です。

正にこの言葉の通り、本物や偽物がはっきりと区別できるようになるのは、平常時ではなく非常時なのです。

先述した通り、相場が良い時には後先考えず突き進んでしまうような初心者のほうがかえって上級者よりもよいパフォーマンスを出したりするため、実のところ、少なくとも素人目には本物と偽物の区別は困難を極めます。

いやむしろ単に運良く儲かっただけの偽物こそが、勘違いをしたり浮かれたりした結果、その無謀な戦いの末に得た戦果についてそこら中で喧伝したりするでしょうから、よく分からない初心者の目には、偽物のほうが本物よりも遥かに優れているように見えてしまうことすら起こり得るでしょう。

しかし、暴落相場になったり大荒れになったりといった非常時には、資金管理という本物のみが身につけている自己規律が、はっきりとパフォーマンスの差となって現れることになります。

年に一度レベルの暴落相場であればパフォーマンスの差程度で済むでしょうが、たとえば数十年に一度レベルの非常事態がひとたび起これば、多くの偽物は退場を余儀なくされ、一掃されてしまいます。

また、退場には追い込まれないまでも、それまで盛んに自分のパフォーマンスを吹聴していたような連中が一気に押し黙ってしまうようになるのが非常時です。

いずれにせよ、**平常時にはほとんど区別が付かなかった本物と偽物が、非常時には明確に可視化されてしまう**ことになるのです。

## ❖非常時は、本物を見つけ出す一大チャンス

逆に言えば、本物が誰の目にも明らかになるという意味では、非常時は大変好都合な時期と言えるかもしれません。

ブログやツイッターで情報発信しているトレーダーは多くいますが、非常時に負けが込んでくると、それはもう明らかに発信頻度が下がってくるケースが多く見られます。

極端な場合は、ブログを閉鎖したりツイッターのアカウントを消してしまったりするわけですが、そこまで追い詰められずとも、「お祈りモード」に入ってしまったり、ヤケクソにでもなったのか逆に変なテンションになりかえって饒舌になってしまったりすることも珍しくはありません。

なかには、「(報告はしていなかったが) 実は株はすべて売って暴落を回避した」などという明らかにウソと分かる後出し報告が見られたりすることさえあります。

いずれにせよ、彼らの平常時の発言にまで遡ってその発言の変化をつぶさに見ていくなら、初心者であっても簡単に偽物が偽物と分かります。

その一方で、非常時であってもブレずにいるトレーダーこそが本物であり、初心者にとっては模範となる上級者を見つけ出す一大チャンスになるというわけです。

誤解なきよう念のため補足しておくと、偽物が退場にまで追い込まれてしまうのは非常時で

あることがほとんどですが、平常時にもそうなることはあります。

ただし、その場合も理由は全く同じで、資金管理の失敗です。思いっきりレバレッジを掛けて値動きの荒い個別銘柄に集中投資をしたりすれば、一気に逆行した際にはすべてを失うことも全く珍しくはありません。自身の経験やスキルに対する過信がそうさせたのでしょうが、過去に消えていった優秀なトレーダーたちの中にも「本当に資金管理さえ徹底していたなら」と筆者が残念に思った人は実にたくさん存在していました。

逆に言えば、資金管理さえ間違わなければ、株式市場から退場させられることなくトレードを続けられる、すなわち生き残りが可能になるのです。

それほどまでに大切なのが資金管理であることを、経験の浅いトレーダーの皆さんには、どうか株式市場に参入した早い段階で強く胸に刻んでおいていただきたいと思います。

生き残るために⑥

# 自分自身に対する過大評価に注意

## ❖ダニング=クルーガー効果とは

ダニング=クルーガー効果とは、コーネル大学のデイヴィッド・ダニングとジャスティン・クルーガーが唱えたもので、**「知識や経験に乏しい素人ほど自分自身に対する過大評価をして過剰な自信や優越感を抱きやすい」**という内容になります。

下の図を見て頷いた読者は少なくないことと思いますが、実際のところ、トレード以上にこのダニング=クルーガー効果が見事に当てはまる世界はないように思われます。

というのも、たとえばスポーツなどでは圧倒的な実力差のある者同士が戦って番狂わせが起こる確率は極めて小さくな

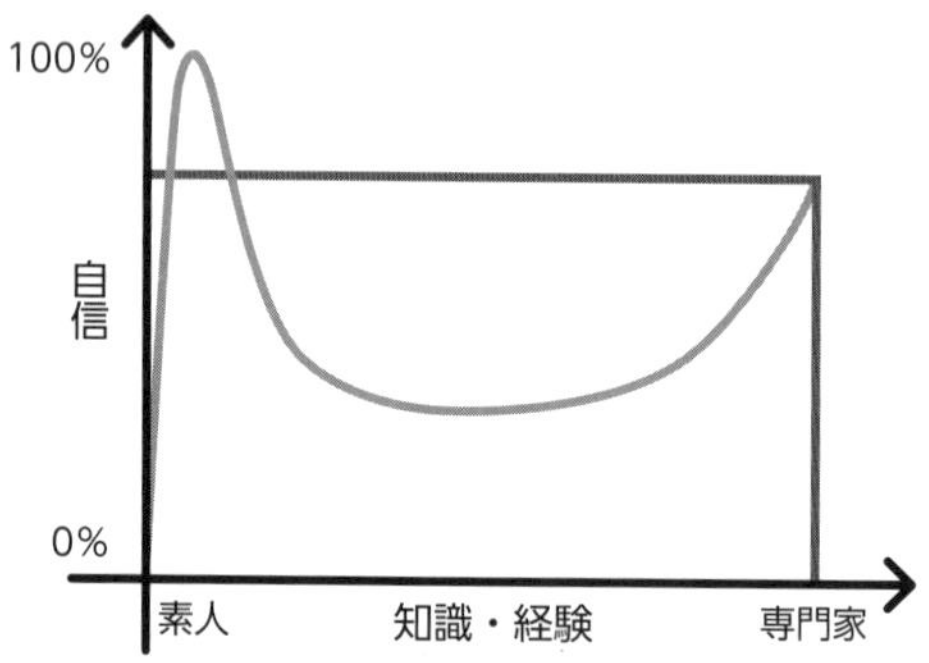

りますが、運の要素も大きく絡むトレードにおいては、番狂わせは日常茶飯事のように起こるからです。

勿論、長期的な視点から見れば、圧倒的な実力差は圧倒的な結果の差へとつながっていくものですが、少なくとも極めて短い時間で区切ったとすれば、知識も経験も乏しい者が大成功して実力者を凌駕するパフォーマンスを出し、大いなる錯覚を起こしてしまうのは全く珍しいことではありません。

ただし、そうした人々はその後どうしても過大なリスクを取りがちであり、結局彼らのほとんどは最後にはすべてを失ってしまうことになるのが通例ではありますが、少なくとも一時的には、まるで世界一のトレーダーになってしまったかのような途轍もない（根拠なき）自信に満ち溢れたりしてしまうものなのです。

そもそも明日の株価が高くなるか安くなるかなんて誰にも分かりません。逆に言えば、全くの未経験者が初めてトレードをしたとしても、それが勝ちトレードに終わる確率は約2分の1になるはずですし、3連勝することになる確率もそれなりにあります。

更に言えば、最近ならアベノミクス相場のように非常に地合がよかったとすれば、デビュー後一年過ぎた時点でも右肩上がりに収益を伸ばしているということすら不可能ではありません。

しかし、もしダニング＝クルーガー効果をしっかりと理解していれば、単なるビギナーズラックで勝ち続けてきただけの新米トレーダーが増上慢に陥る愚を犯すことはなくなるでしょう。そしてやはり、トレーダーとしてある程度の自信を持ってよい段階に至るには、誰でも勝てるような甘い相場だけではなく、それなりの数の厳しい相場も経験し、更に生き残ることが必須であると言えます。

生き残るために⑦

# 実力が上がればパフォーマンスも上がるとは限らない

## ❖突然の暴落、手法が通用しない……

さて、ダニング＝クルーガー効果を理解して根拠のない自信から過剰なリスクを取って結局退場に追い込まれてしまうことなく、なんとかトレーダーとして経験と知識を増やすことができるところまできたとしましょう。こうなれば、一人前のトレーダーとして、この先も勝ち続けることが保証されることになるのでしょうか？

その答は、残念ながら否です。トレードの世界はそんなに甘いところではありません。順風満帆、資産は右肩上がりなどということにはならず、必ずやいつの日か挫折の憂き目を見ることになります。たとえばその悪影響を誰もが事前に予想し得なかったような、いわゆる「ブラックスワン」が発生して、株式市場が突然の暴落に見舞われるようなことは数年に一回は発生します。強烈な自然災害、金融危機、政変、パンデミック、地政学リスク等々、本当に一寸先は闇であって、世の中は何が起こるか全く分かりません。

そうした局面では、何らかのヘッジをしていたり、あるいは運良くポジションを落としていた時期だったりしない限り、基本的に買いポジションに傾けているトレーダーであれば、残念ながら誰しもがそれなりの痛手を被る結果となってしまいます。要するに、**必ずしも「実力」が素直に成績に反映されるのではなく、どこまでいっても完全には「運」の要素を排除できないのが相場**なのです。

また、ある程度自分のやり方なり手法なりが通用していたとしても、ある日突然それらが通用しなくなってしまうのが相場の実相です。それこそがトレードの難しさの最大の原因でもあって、どんなに上達しようとも、またいつまで経っても安心できるようにはならない厳しい世界なのです。というより、むしろ「これで大丈夫。ついに勝てるトレーダーになれた」と安心し増上慢になってしまうのがトレーダーとして非常に危険なことであったりするのです。

たとえばですが、スキルが向上して、決算の先読みがある程度できるようになったとします。その段階で多くの銘柄の決算持ち越しをした場合、見事にことごとく読みが当たったとしても、本当に地合が酷いと好決算銘柄でも全然上がらず全く報われないということもあります。あるいは何らかの実際に優位性がある手法を持っていたとしても、その手法が誰もが知るところになってしまったとすれば、いきなり通用しなくなってしまうということもあり得ます。その最たるものが、伝説の投資家集団「タートルズ」の手法です。

生き残るために⑧

# タートルズの興亡から学ぶ

## ❖どのような手法も真似をするものが増えれば通用しにくくなる

タートルズとは、1980年代に、伝説的なトレーダーであるリチャード・デニスと同僚のウィリアム・エックハートがズブの素人の状態から実験的に養成したトレーダー集団のことで、実際に彼らのうちの何人かはトレーダーとして驚くべき成功を収めました。

タートルズには、「教えられた投資手法は絶対に誰にも口外してはならない」という厳格な掟がありましたが、その後その掟を破る者たちが現れ、今やその投資手法の全貌は白日の下に晒されています。

その具体的手法ですが、実は意外にもシンプルであり、エントリールールをざっくり言えば、過去20日間の高値を抜けたら買うというものです。

いつの時代でも、またどのような相場においても、明確なトレンドが出る時期というのは必ずあるもので、この強いトレンドが発生したらその方向についていくというタートルズの手法は、現在に至るもかなりの有効性があります。

しかし、過去20日間の高値を抜けたら買うという言わば誰にでも簡単にモノマネすることが可能なシンプルな手法が公開される前と後では、明らかにパフォーマンスに差が出るようになってしまったことは、決して想像に難くないでしょう。

実際、**どのような手法であっても真似をする者（すなわちライバル）が増えれば増えるほど通用しにくくなる**ものですし、タートルズの手法に対しては、それを逆手に取って儲けようとするタートルスープという手法まで登場しました。俗に「聖杯」と言われるトレードにおける必勝法は、残念ながらこの世には存在しません。

必勝法とまでは言わずとも、ある程度の優位性がある手法というものは無論たくさん存在しているものの、タートルズのように明確な数値としてルール化された手法については、公開されてしまった瞬間にその優位性が大きく損なわれてしまうものなのです。

## ❖「青い鳥症候群」に陥ってはいけない

タートルズの手法については、実はもう一つ注意すべき点があります。それは、タートルズに限らずすべての単純な順張り手法に付き物の欠点なのですが、トレンドが出ない時期、いわゆる持ち合いと呼ばれる時期においては、損切りばかりが続き精神的に辛くなってしまい続けられないということです。

そして、待ちに待ったトレンドの発生時期までには手法の有効性に疑問が生じ、我慢できずにそれを捨ててしまっているという悲劇も起こりうるわけです。

その逆もまた真なりで逆張り手法の場合には、大きなトレンドが発生した暁にはとてつもない損を出してしまうという欠点があります。

要するに、**あらゆる手法には、それが通用する時期と通用しない時期とがあるわけで、逆にいつでも通用するような手法、すなわち聖杯と呼ばれるものは存在しない**というのが結論になります。

これまで述べてきたようなことは、ある程度の経験を積み数々の辛酸をなめてきたトレーダーにとっては自明のことでしょう。しかしながら、経験が浅いうちに陥ってしまいやすいワナとしては、せっかく見出した手法が通用しなくなる度に懐疑的あるいは自信喪失となり、何か別の新しい手法を見つけなければという焦りから、「青い鳥症候群」に陥ってしまうということです。

しかし、繰り返しになってしまいますが、トレードの世界に聖杯などというものは存在しません。永遠に通用する手法という青い鳥を延々と探し続けるだけのトレーダーは、決してその上の段階に至ることはできなくなってしまうものなのです。

どこまで細かい派生的なものまで加えるかによって数は大きく異なってはきますが、ちなみに筆者の場合、ざっと数えただけでも20以上の手法を持っています。大きくは地合に応じて、また銘柄やイベントに応じて適切な手法を臨機応変に使い分けています。それらの使い分けをも含めて一つの有力な手法と言えば言えないこともないのかもしれません。

しかしそれは、長年の経験と知識の蓄積によって身につけたものであって、事実上他の誰にも真似ができないものだと思っています。スポーツ選手や音楽家の書いた最高の技術書があったとしても、読者がただそれを読んだだけではそうしたスポーツ選手や音楽家のようには絶対になれないのと同じことです。

では、手法探しの旅を諦めたトレーダーが真の意味の上達をしていくためにはどうすべきか？

これについては、次章で詳述することにしたいと思います。

# 第2章

# どんな銘柄をどう売買すべきか?

## 良い銘柄さえ分かれば勝てるという誤解

「市場が大底をつけるのは買い手が一気に押し寄せるからではなく、もはや売り手がいないからである」（トム・デマーク）

「万人が万人ながら強気なら、たわけになりて米を売るべし」（**牛田権三郎：江戸時代の相場師で『三猿金銭秘録』の著者**）

### ❖「良い銘柄」とは

生まれた国も時代も全く違う二人の著名人が全く同じ意味の金言を遺しているわけですが、**下げ相場というものは悲観の極みで終焉し、上げ相場というものは楽観の極みで終焉する**というのは、古今東西を通じて変わらない相場の真理と言えるでしょう。

大変皮肉なことではありますが、誰しもが失望して売ってしまったような最悪の銘柄こそがこれから上がるしかない銘柄になったり、誰しもが持て囃す最高の人気株こそがこれから下がるしかない銘柄になってしまうというわけです。

さて、相場経験の浅い者に限った話ではなく、良い銘柄さえ分かれば勝てると信じている人は決して少なくないように思われます。それゆえにこそ、一見良い銘柄を教えてくれる親切な人を装っている「煽り屋」、「商材屋」、「セミナー屋」といった人々に対する需要はどんな相場においても一向に衰えることがないのです。

では、果たして良い銘柄とは一体どんな銘柄なのでしょうか？

短期的な視点からは、「今すぐに上がる銘柄」は確かに良い銘柄ということになるのでしょうが、もしそんなものがハッキリと分かるならば何の苦労もないことでしょう。しかし、言うまでもないことですが、株価を決めるのは、その企業自体ではありません。株価は株式市場の参加者、つまり買い手と売り手によって決定されるものなのです。

では今、株式市場参加者の注目を一手に集めている企業があったとして、その株価が一体どのような状況にあるのか？

ひょっとすると、銘柄としての人気の絶頂点にあり、買いたいと思っている人たちはすでに全員買ってしまっており、新たな買い手が全くいない状況ということも考えられます。となれば、先に紹介したトム・デマークの言葉の裏返し、すなわち「株価が天井をつけるのは、売り手が一気に押し寄せるからではなく、もはや買い手がいないからである」ということにもなりかねないのです。

ただし、需給の状況というのは、目まぐるしく変化することもあり得ます。極端な例を挙げれば一日のうちでストップ高からストップ安へと動くこともあり得ますし、もう少し時間軸を長くしたとしても、ある週に最も上がった銘柄が翌週には最も下落率の大きな銘柄に変わってしまうということも結構な頻度で発生するものなのです。

## ❖「良い銘柄」など一つもないこともある

一体なぜそのような極端なことが起こるのでしょうか？

それは、繰り返しになりますが、株は株そのものが自律的に動くわけではなく、あくまでもその株を取引する人の心理や考えによっていかようにでも動くからです。

もっとも最近はＡＩやアルゴといった人以外のものも値動きに関わっているわけですが、ＡＩやアルゴにしても、それを動かしている者の考えを反映する形で「こうなったらこうする」というプログラミングが予めされているからこそ売買をしているのです。

要するに、ＡＩやアルゴも含めたすべての市場参加者が動かしているのが（株に限らず）相場というものであって、それまで高く評価されていた銘柄があっと言う間に一斉に売り浴びせられたりということは日常茶飯事です。

また本当に激しい暴落相場が訪れた際には、あらゆる銘柄が一緒くたに理不尽なまでに叩き売られてしまうことになります。換言すれば、タイミングが悪いと、「良い銘柄」など一つもないといった事態も発生し得るということになります。

そんなわけで、どう考えてみたところで普遍的な「良い銘柄」を定義するのは非常に難しいと言えるかと思います。

たとえば一カ月くらいのスパンで考えるスイングトレーダーがいたとしたら、その一カ月を通じて自分の思った方向に動いてくれる銘柄が良い銘柄になるのでしょうが、結局のところ、その月を通じてどれが一番上がるとか下がるとか、そんなことは分かるはずなどありません。その月が終わったあとで、あくまで結果として、これが（自分にとっての）良い銘柄であったと分かるだけなのです。

## ❖ある人にとっては「良い銘柄」でも、その銘柄で大負けする人もいる

また、一カ月を通じて上がり続けた銘柄があったものと仮定したとして、その銘柄は時にストップ安もするような極めて激しい乱高下の末、結果としては右肩上がりの曲線を描いたに過ぎなかったということもあるかもしれません。

その間何らかの事情があって相場を全く見なかったというような特殊なケースは別にして、もしそうした乱高下の様子を日々目にしていたとしたならば、そんな銘柄を果たして一カ月の

間持ち続けることが可能だったでしょうか？

一カ月の間ずっとトレードし続けたとしても、その値上がりを享受できたどころか、急落する局面が来る度に心理的に耐えられずにロスカットさせられて、確かに一カ月経って見てみたらチャートの上では大きく上がったけれどもそのトレーダーのトレード結果としてはマイナスに終わってしまった、ということさえ起き得るでしょう。

結局のところ、「良い銘柄」というのは、そのトレーダーがあくまでも結果として儲けられた銘柄としか定義しようがないことになります。

またその際、決して見逃してはならないポイントは、「そのトレーダーにとって」ということです。全く同じ時期に全く同じ銘柄をトレードしていても、大勝ちするトレーダーもいれば大負けするトレーダーもいるというのは何ら珍しくはありません。

そこまで考慮すれば、**「万人にとって良い銘柄」などというものはあり得ない**ということがはっきりすることでしょう。

## 簡単な時に、簡単な銘柄で、簡単に稼ぐ

誰にとっても「良い銘柄」というものはなく、結局、ひとりひとりのトレーダーが自分自身に合った銘柄を探し、また適切に売買していかなければいけないという意味で、相場は甘い世界でないのは確かです。

しかしながら、相場は必ずしも常に難しいというわけでもありません。たとえば右肩上がりに上がっていくような地合のもとでは誰でも儲けやすいものですし、また「簡単な銘柄」もあれば、「簡単な手法」というものも確かに存在します。

### ❖「簡単な時」、「難しい時」とは

まず、「簡単な時」について説明することにしましょう。やはり**最も簡単なのは、明確だが緩やかなトレンドが出来ている時**です。買いしかしないトレーダーについて言えば、緩やかな右肩上がりトレンドが発生している時は、ほとんどストレスを感じることもないままにパフォーマンスが上がっていくことでしょう（逆に、ショートを得意とするトレーダーであれば、

緩やかな右肩下がりトレンドは非常に簡単な相場ということになります)。

そもそも緩やかな右肩上がりトレンドの時には、「ただ持っているだけ」でサルでも儲かる相場と言えるわけで、逆にここを逃すのは致命的と言えます。ちなみに、最近で言えば、2017年の新興市場は総じて一年を通じて緩やかに右肩上がりを続ける超イージーモードでした。実際、JASDAQ指数の美しいまでの右肩上がりチャートを見れば、如何に簡単な年であったかが一目瞭然ですし、ここで資産を爆発的に増やして「自分は超一流になった」というとんでもない勘違いをする投資家やトレーダーが続出することになったのは記憶に新しいところです。

それでは、難しい時とはどういう時かと言えば、**基本的には、ボラティリティ(価格の変動率)が高くなればなるほど難しさが増していきます**。特に、短期間で上下に激しく動くような相場は、最も難易度が高くなりますし、こうしたハイボラティリィの時期にあっては個別銘柄の良し悪しなどほぼ関係なく、暴落日には味噌も糞も一緒に売られることになり、買っている向きにとってはやってられないような苦々しい気持ちにさせられることしきりです。

非常にスキルの高いトレーダーであれば、こうした乱高下相場を上手く取るような高等な技を見せることも可能でしょうが、少なくともまだトレーダーとしての経験が浅いという自覚があるうちは、できるだけこういう相場には手出しをしないか、参加するにしても最小限のロットに抑えておくほうが身のためです。

ちなみに、ボラティリティは、米国では「VIX」、日本では「日経VI」、欧州では「VSTOXX」として指数算出されています。またボラティリティの上昇はトレーダーの間に広がる恐怖感との相関性が高いことから、そうした指数は「恐怖指数」と称されることもあります。それらのチャートはウェブ上で簡単に見つけることができますので、経験の浅いトレーダーにとっても、今現在の相場のボラティリティが高いか低いか、あるいは安定しているのかといったことはすぐに見分けることができます。

機関投資家やファンドなどであれば別ですが、そもそも個人のトレーダーの場合、「買い」や「売り」は勿論のこと、「休み」についても自由です。なぜわざわざ難しい時に無理して稼ごうとする必要があるのでしょうか？

恐らくは大きく損を出してリベンジトレードをしたくなる、あるいは全く儲からないことに焦って何とか収益機会を狙おうとするということなのでしょうが、マーケットは自分の都合で動いてくれるような場所では決してありません。難しい場面では勇気を持って静観を続けるというのも、それはそれでトレーダーとしては立派な行動になるのです。

## ❖「簡単な銘柄」は自分に合った銘柄

全体相場だけではなく、個別の銘柄についても同様のことが言えます。俗に仕手株と言われるような乱高下を繰り返す激しい値動きの銘柄は、一見妙味があるように思いがちですが、実際にやってみると分かる通り、激しい値動きを目にすると、緊張やら恐怖やらでどうしてもトレーダーの感情は大きく揺さぶられてしまいます。

その結果、思わぬ高値で手を出してみたり、また逆に下に突っ込めばたちまち震え上がって安値で手放したりといったことを繰り返してしまいがちです。このような株は、馬にたとえるなら正に暴れ馬であって、乗りこなすのは至難の業と言えるでしょう。

また株ではありませんが、近年、ビットコインに代表されるような暗号資産（仮想通貨）でバブル相場となった際、日頃株式を売買する者の多くは基本的に静観するのみで手を出しませんでした。株とは全く違って本質的な価値はゼロということも大きかったでしょうが、何よりそのメチャクチャな値動きを見て、リスクが大き過ぎると判断したのが主因であったかと思います。

いずれにしても、トレーダーとしては、まずは異常なボラティリティを示す銘柄は除外した上で実際に売買をし、この株の動きは自分に合っているとか、逆に合っていないといった判断をすればよいでしょう。そうやって**経験を積み重ねる中で、自分にとっての「簡単な銘柄」を見つけていけばよい**ということになります。

## ❖最もやさしいのはトレンドに逆らわないトレード

最後に手法についてですが、下降トレンドになっている株を「買い」で稼ぐことは不可能とは言わないまでも非常に難しいであろうことは、誰にでも分かることでしょう。スキャルピングのように非常に細かい値動きを取ろうとするのであれば、一日の中で発生する小さなトレンドに逆らう逆張りもかなり有効ではありますが、**ことスイングトレードに関しては、トレンドに沿った手法のほうが難易度は圧倒的に低い**と言えます。すなわち、買いならば、たとえ緩やかではあっても明確に上げトレンドが出ているような落ち着いた相場状況の時に限定すると、非常にやさしく稼ぎやすくなるのです。

これまで述べたことをまとめると、ボラティリティが落ち着いている（激しい乱高下をしない）時に、ボラティリティがさほど高くなく感情を揺さぶられることのない個別銘柄を、トレンドに逆らわないようにトレードするのが最もやさしいということになります。

生命を賭してあえて荒れ狂う海に出ていくような漁師はいません。トレーダーも同様に、わざわざ難しい時に難しい銘柄で難しく稼ごうとする必要など全くありません。そういう場面ではあえてトレードを休むなど大人しくしておいて、簡単な時に簡単な銘柄で簡単に稼ぐようにすればよいだけであり、もっと言えば、そのように臨機応変にメリハリのついた行動が自然に取れるようになったトレーダーこそが上級トレーダーということになるのでしょう。

# 「割安株」・「優良株」のワナに気をつける

## ❖「質の悪いホルダー」が群がっていないか

好業績高利回りである割には安値で放置されている――どのような相場状況であろうとも、このような印象を与える銘柄は常にある程度存在しています。

実際、明らかな安値に放置されている銘柄においては、下値もそれなりに限定的なものになるという特徴があり、比較的リスクが低いということは言えるでしょう。

しかし、言うまでもなく、それらが上がる銘柄なのかと問われれば、決してそうとは限りません。明らかに割高と見える銘柄がグングンと上昇を続ける一方で、そうした銘柄群はずっと割安に放置されるということも結構頻繁に起こる現象です。

勿論、トレードではなく投資として、配当や優待を楽しみに初めから長期保有を前提として買うという行為を否定するものでは全くありません。しかしながら、ことスイングトレードに関して言えば、そうした銘柄群は決してよい選択肢とはならないことが多いと言えます。

トレード対象としての銘柄の良し悪しを判断する上において特に注意すべきなのは、信用買い残です。

割安株や優良株なのにどうにも需給が悪くて上がる気がしないと感じられる銘柄においては、非常に多くの信用買い残が積み上げられていることが多くあります。

言うまでもなく、信用で買っている者のほうが現物で保有している者よりも、保有し続けられるという意味での余裕がありません。制度信用であれば6カ月という期日がありますから、その時までには必ず売らざるを得ませんし、また日々金利も掛かりますから、保有には確実にコストが積み上がっていくのであって、長く持てば持つほど不利になっていくからです。

したがって、**現物ホルダーに比べ信用ホルダーは「質の悪いホルダー」**と言っても過言ではなく、そんなホルダーたちがすでに大量に群がっている銘柄の需給状況がよいであろうはずがありません。

結局のところ、割安株・優良株ではあるものの、ひとえに需給状況の悪さのためにいつまで経っても安いまま放置されてしまうというのは、全く珍しいことではないのです。

## ❖「下値限定」という安心感が悲劇を生む

あともう一点注意すべきことがあります。

下げ相場でも下値はそれなりに限られるとはいえ、ひとたび本格的な暴落相場がやって来た場合には、そうした安全弁はいとも簡単に吹き飛んでしまい、割安株・優良株であっても関係なく理不尽な水準にまで売り込まれてしまうということです。

更に言うなら、企業業績が悪化すれば配当には減配リスクがありますし、優待には廃止リスクがあります。そして言うまでもなく、それらが現実化した際には、それなりに大きな下落となることを免れません。

また、もともと割安株・優良株を好んで買うトレーダーは、下値限定だからという安心感もあってかえって損切りが遅れてしまいがちという面もあり、暴落相場にあっては思考停止に陥ったままで激しい下げをまともに食らうという事態に陥ることも、決して珍しいことではありません。

# 銘柄固定売買のすすめ

## ❖スイングトレードにおいての三つの無謀な戦い

「孫子の兵法」や「ランチェスター戦略」は、詳細な内容はともかくとして、そういうものがあるという程度には知っている人が大半を占めるかと思います。

どちらも「敵との戦争にいかにして勝つか」について具体的かつ詳細に書かれたものですが、これらが現代に至るまで、戦争の当事者でもない一般の人々に大いに受け入れられ、人によってはバイブルとまでされてきたのには勿論理由があります。

というのも、「孫子の兵法」や「ランチェスター戦略」が教えるものは、国家間の戦争に限らず、ビジネスをはじめとして激しい競合を勝ち抜く必要がある分野で日々戦っている人々にとっては大いなる指針となるものだからです。

しかしながら、同じく生き馬の目を抜くようなトレードの世界で、これらの重要性を説く人はなぜか極めて少ないという印象を筆者は抱いています。トレーダーにとっても必ずや得るものはあるはずですので、もし全く知らなかった方がいらっしゃるのであれば、できる限りそれらについて学ぶことを強くお薦めしたいと思います。

さて、それら古典的戦略論が最も強調していることを筆者なりに一言でまとめるとするなら、**「無謀な（負ける公算が高い）戦いは徹底的に避けよ」**というものになります。言うまでもなく、スイングトレードにおいても無謀な戦いとなるものは沢山あり、典型的なものとしては下記のようなものが挙げられます。

**①明らかな下げ相場なのに買いにこだわり、買いのみで勝とうとすること**
**②明らかに苦手な動きをする銘柄をあえてトレードして勝とうとすること**
**③レバレッジを掛けてイチかバチかの勝負に出た上で勝とうとすること**

他にも幾らでも挙げられるものの、キリがないので三つだけにしておきたいと思いますが、このように負けやすい戦いを徹底的に避けつつ、逆に勝ちやすい戦いのみに全力を尽くすように心掛けるだけで、トレーダーのパフォーマンスは全く違うものになってきます。トレーダーとしての経験が浅いうちは、そもそもどれが負けやすい戦いなのかも分からないかもしれませんが、しっかりと売買記録を付けて適宜振り返りをしていく習慣さえつければ、やがて明確に分かってくるようになることでしょう。

ます。

## ❖勝てるトレーダーへと一歩踏み出すためのきっかけをつかむ

さて、先に挙げた三つの中で、ここでは二番目の項目について少し深堀りしてみたいと思います。

日本株売買の古典的名著に故・立花義正氏が著された『あなたも株のプロになれる』があります。そこには、立花氏が専業として自立するまでの壮絶な経験や、専業としてどのような売買をしていたのかが、詳細な売買譜とともに赤裸々に書かれているのですが、何とその売買手法は「銘柄固定売買」、すなわち一銘柄のみを淡々と売買し続けるというものだったのです。結局立花氏は、初めは日本電気一銘柄のみを、後には銘柄を入れ替えてパイオニア一銘柄のみをひたすら売買し、亡くなられるまでプロの相場師として成功し続けられることとなりました。

勿論、今とは時代背景も相場環境も全く異なる頃の話であるため、仮にもし立花氏が今も現役バリバリの相場師であったとして、同じように銘柄固定売買をされるかどうかは定かではありません。とはいえ、立花氏の事例は正に、自らが最も得意とする銘柄を選択した上でそれのみに全精力を注ぐことで成功できることを証明したものであり、ここから得られる教訓には実に多大なるものがあることだけは間違いありません。

実は筆者は、トレード経験の浅い者ほど、**ある程度銘柄数を絞ってトレードをすることが上達への近道**になると考えています。勿論最初はどのような銘柄が自分に合っているのかすら見当もつかないことでしょう。最初から勝てるわけもありませんし、初めは（できるだけ小さいのが理想ですが）負けを繰り返しながら、徐々に自分に合った銘柄とは何かを見出していくことになります。

また最初は皆、古典的戦略論が言うところの「弱者」に過ぎないわけですが、そうした試行錯誤を重ねていく中で、少なくともこの銘柄についてだけは参加者の中で少なくとも上位20％には入れるといった自信を持てる銘柄も、いつの日か生まれてくることになるはずです。いずれにせよ、弱者である自分でも勝てる銘柄、勝てる業種、勝てる土俵、といったものを徐々に見出していくことが、勝てるトレーダーへと一歩踏み出すための大きなきっかけになります。

どのような銘柄であっても、たとえば見たことも聞いたこともないような銘柄であっても簡単に勝てるといったスーパートレーダーはいません。経験を積めば積むほど、よく分からないものには手を出さないようになるのが普通です。換言すれば、「孫子の兵法」や「ランチェスター戦略」が説くように、無謀な（負ける公算が高い）戦いは徹底的に避け、勝てる公算が高い銘柄に絞った上で全神経を集中させてトレードするようになったからこそスーパートレーダーと呼ばれるまでに成長したというのが実態でしょう。

そんなわけで、特に株式市場参加者の中での「弱者」である駆け出しのトレーダーには、是非、より銘柄を絞ることを意識してもらいたいと思います。

# 価値のないものを安易に妥協して買ってはいけない

## ❖誰しも目利きが必要とされる時代

ここ数年よく聞かれるようになったものなのですが、ダイナミックプライシングという言葉をご存知でしょうか？

最も身近な例としては、スーパー等で生鮮食料品が閉店時間に近づくにつれて値引率が大きくなっていくことが挙げられるため、その言葉自体は知らなかったとしても概念としては誰しもがすでに知っているものかと思います。

最近は交通機関や宿泊料金、さらにはスポーツ観戦やコンサートのチケットなどにもダイナミックプライシングが採用されるようになっていますし、ネット社会の発達という一大変革に後押しされる形で、今後その流れは加速していくのが確実視されています。

要するに、今後はあらゆるものの価格が需給の変動に応じてリアルタイムに変動していくことになるわけで、生活の様々な局面において「適正な価格を判断する能力」、すなわち目利きが必要となってくるのです。

よいものであれ悪いものであれ、ある銘柄に何らかの大きなニュースが発生した場合、果たしてその適正価格はどれくらいなのか？　それを判断するには、当然ながらそのニュースの持つ意味を自分の中で金額換算した上で判断を下さなければなりません。

しかも、余裕を持ってじっくりと判断できるとは限りません。そのニュースが入るのが大引け後であればまだしも、たとえば場中に飛び込んでくることだってあるわけです。

その場合、目利き力が全くなかったとするなら、どうしていいのか全く分からずにただただ狼狽することになるか、あるいは悪いニュースであった場合には思わぬ安値でロスカットさせられた後に株価が急速に戻っていくのを呆然と見守るだけといったことになるかもしれません。

そもそも株式は、大きなニュースや材料など何もなかったとしても、日々刻々と価格が変動していくものです。

常にウオッチしている銘柄があったとして、午前中に1000円であった株価が午後にいきなり大きな売りが出て950円になった場合、果たして買うのか見送るのか、トレーダーは瞬時の判断を迫られることになります。それなりの目利き力がなかったら、判断するにもしようがないことは言うまでもないでしょう。

## ❖目利き力を養うにはそれなりの経験と時間が必要

さて、株式市場に参入してくるトレーダーは、そのキャリアの最初から目利きができるのでしょうか？

答えはもちろん否です。場数を踏むとともに知識を増やしていってはじめて養われていくものが目利き力であって、逆にその**目利き力がまだ足りないと自覚しているのであれば、最初から大きな勝負に出るなど愚の骨頂**であると簡単に理解できるかと思います。

余談ながら、株式市場でしっかりとした目利き力を養えたような人は、消費者としてもそれなりに目利き力を発揮できるはずです。実際、著者のトレーダー仲間には、極めてコストパフォーマンスにうるさい人たちが揃っていますし、決して価値のないものを安易に妥協して買わないという共通点があるように見受けられます。

いずれにせよ、目利き力を養うにはそれなりの経験と時間が必ず必要になるわけですから、その意味においても、まずはこの難しい市場から退場させられないよう生き残ることこそが最も肝要にして最優先の課題になるのです。

## 小さく産んで大きく育てる

### ❖授業料を小さくするという発想をもつ

それでは、トレーダーは一体どうやってリスク管理をしていけばいいのでしょうか？

世の中にはすでにケリー基準をはじめとして最適なマネーマネジメント手法とされるものが幾つか出回っていますが、少なくとも駆け出しの段階では、そうした難しいものに手を出す必要は全くありませんし、もっと単純に考えたほうがよいでしょう。

結論から言いましょう。

株に限らず**駆け出しのトレーダーにとって最も重要なのは、「できる限り小さく賭けること」**です。具体的に幾らくらいが小さいかは、その人の総資産額やリスク耐性や性格等々、様々な要素を考慮に入れる必要があるものの、株の場合、さすがに10万円ではまともなトレードなどできませんから、基本的には50万円、多くても１００万円程度からスタートすることをお薦めしたいと思います。

これは誰しも直感的に理解できることだとは思うのですが、大きく儲けようと思えば大きなリスクをとらなければいけません。しかし仮に100店舗の飲食店を展開するだけの資金を持っている実業家がいたとして、いきなり一気に100店舗の展開をすることなどありえるでしょうか？

まずは1店舗でスタートして、その成功が確実になったところで徐々に店舗を増やしていくというのが正攻法でしょう。

翻って株式トレードではどうでしょうか？

駆け出しトレーダーの場合は、たまたま運よく地合の良い時にスタートしたといったことでもない限り、まず勝つことはできません。それどころか、最初は負け続けるのが普通です。であれば、考え方を180度変え、大きく儲けようと思うのではなく、授業料（損失）をできるだけ小さくしようと考えるのが賢明です。

儲けようとする（実業家の例で言えば店舗数を増やす）のは大きな失敗、すなわち致命傷になりかねないような損はしないというだけの十分なトレード実績を積み重ねた後にするべきです。まずはプラスマイナスゼロでいけるレベルになるだけの経験を積むことを目標にしたらよいでしょうし、投入資金を増やすのは更に経験を積んで、これならプラスでいけそうだとの確信をある程度持てるようになってからで十分です。

念のため付言しておきますが、自信がついたからといって投入資金やポジションサイズを一気に増やすことは決して薦められません。往々にして、自動車の運転にある程度慣れ自分自身の運転技術を過信し始めたドライバーが最も事故の危険が高まるように、かえってある程度株のトレードに慣れ中級者に差し掛かったくらいの時期に無謀なリスクを取って破綻するということも、これまで何度も繰り返されてきた光景なのです。

できる限り慎重に、スキルと経験が増すごとに取るリスクを段階的に増やしていくようにしていってください。

# 第3章

# トレーダーに必要な資質

# 急成長するトレーダーがもつ5つの共通点

## ❖急成長するトレーダーが増えているワケ

ネットでのトレードが普及するとともに売買手数料が劇的に下がり、更に今ではネットで上級者の考え方や手法が無料でいくらでも見られるようになっています。

その恩恵を受ける形で、以前とは比べ物にならないスピードで急成長するトレーダーが非常に多くなってきたという実感があります。先人たちが数十年かけて苦労に苦労を重ねた上でようやく身につけてきたようなスキルを、今では一年で得られるようになったと言っても過言ではないくらいです。

筆者は多くのトレーダーと交流を持っているのですが、時折若手の中でも卓越したセンスに恵まれたトレーダーに出会うことがあります。ギフティッド（先天的に平均よりも顕著に高度な知的能力を持っている人のこと）という言葉がありますが、正に相場界のギフティッドとも言うべきそうした人たちの成長度合いを継続的に観察していると、数年スパンで見ればやはりこちらの見込んだ通り急成長するケースがほとんどです。

着実に勝てるトレーダーになるまでには非常に長い期間を要した筆者のような凡人にしてみれば、全くもって羨ましい限りなのですが、そんな優れた彼らには一体どのような共通点があるかというのは、読者の皆さんの興味を大いにそそるところかと思います。

筆者は、大まかに分類すれば、下記の五点があるように考えています（逆に言えば、これら五点の資質に全く欠けているような人は、トレーダーとして大成することは極めて難しいでしょう）。

①熱量
②失敗から学べる
③人間力
④心理読みが上手い
⑤資金管理能力が高い

では、それぞれについて、これから一つ一つ解説を加えていくことにしたいと思います。

共通点①熱量

# どっぷり株の世界にのめり込める

### ❖近道を教わりたいだけの人との違い

まず「熱量」ですが、これは言うまでもないことでしょう。急成長するトレーダーは皆、起きている時間のすべてを株のことを考えるのに費やしているようにさえ見受けられるほど、どっぷりと株の世界にのめり込むものです。

実際に筆者が交流した急成長トレーダーは概してクイックレスポンスであり、たとえば相場の話題についてこちらが投げかけた場合にも素早く返答してくるケースがほとんどです。逆に言えば、どんなことにも共通しますが、ボヤッと時を無為に過ごしていてライバルに勝てるような甘い世界などありません。

**株に掛ける時間とエネルギーでは誰にも負けないくらいでない限り、急成長など夢のまた夢**ということになります。

また「熱量」に溢れる人は、概して「自分の頭で考えられる」とも言えるかと思います。とにかく手っ取り早く正解を得ようとするあまり、上級者の手法や考え方を聞き出そうと躍起になっている人は多くいますが、「何とか人から盗んでやろう」という意味での「熱量」は確かに高いかもしれないものの、近道を行きたい、楽に儲けたいという傾向が強く、自分の頭で考えるという点では弱さが目立ちます。

一方、本当に熱量に溢れている人は、相場について突き詰めて考えること自体を楽しむことができます。

人から近道を教わりたいだけの人とは逆に、同じ情報を得たとしても、それを咀嚼し実践するというプロセスを経ることで、そこからの広がりについては格段に差が出てくるのです。

好きこそものの上手なれと言われますが、やはりトレードにおいても「熱量」こそが上達する上での最低限の必須条件となります。

共通点② 失敗から学べる

# しっかり経験値を増やすことができる

## ❖繰り返し同じ過ちを犯してしまう人の特徴

次に「失敗から学べる」ですが、まずどんなベテランになったとしても、というより永遠に、トレーダーが実際のトレードで100%勝てるようになることなどあり得ません。いつまで経っても、勝ちと負け、時には大きな負けを繰り返しつつ永遠に学んでいく必要があるのです。

また、失敗から学ぶことは「経験値を増やす」こととほぼ同じ意味になります。

経験値が増えれば増えるほど有利になるのは株の世界でも当然そうですし、失敗からは謙虚に学び、それを繰り返さないためにはどうしたらよいか、日々改善し実行していくことが決定的に重要です。

それに対して、失敗から学べないということは、イコール、繰り返し同じ過ちを犯してしまうということになります。

これまで数多くのトレーダーを見てきましたが、実際のところ、たとえば損切りが致命的に遅れて破滅的な損を出すことを何度でも繰り返すような人は珍しくありません（痛い目を見たその時は反省することしきりなのですが）。あるいは、明らかな下降トレンドなのにひたすらナンピンを繰り返すとか、傍から見ているとバカバカしいとしか言えないような失敗であっても、繰り返す人は本当に何度でも繰り返してしまうものなのです。

そうした**過ちを避けるために最もよい処方箋は、自身のトレードの記録をつぶさに振り返って、どのような時に大きな失敗となったのかをしっかりと検証すること**です。

それさえすれば、普通の知性さえ持ち合わせているなら極めて容易に、「どこが悪かったのか？」を明確に知ることができるはずですが、得てして失敗を繰り返す人に限って、そのような反省をしようとしませんし、現実を直視することができません。

たまたまどうしようもない相場が続いたという不運に見舞われないとは限りませんが、一般論としては、三年やってみても失敗から学ぶことができずトレーダーとして芽が出ないようであれば、諦めて別の道に進むほうが身のためかと思います。

共通点③人間力

# 積極的に新しいものを吸収できる

## ❖上級トレーダーは教え好きが多い

「人間力」については、ちょっと首をひねる読者も少なくないのではと想像します。実際に有力なトレーダーの中には、かなりエキセントリックな人も目立つからです。

では、筆者が「人間力」という言葉で何を意図しているかというと、具体的には「上級者であったり仲間のトレーダーから情報なりスキルなりを教えてもらえるような人柄」ということになります。

どういうわけか上級トレーダーには教え好きな人が非常に多い印象で、オフ会などを通して上級トレーダーに教えてもらうことで目覚めた初心者はかなり多くいるはずです。全くの独学である程度の上達を示した例外的なトレーダーも何人かは知っていますが、率直な感想として、やはり他人から積極的に良い点を取り入れようとする姿勢に欠けるだけに、どうしてもある程度のところで成長が止まってしまうケースがほとんどのように見受けられます。

どんなに上達したところで、自分の知らない手法や分野といったものは必ずあるはずですし、そもそも時代が変われば自身のスキルや経験も役に立たなくなってしまうリスクがある中、積極的に新しいものを吸収しようとする姿勢の欠如は致命的です。**どんなに上級者になったとしても、他のトレーダーとの交流は非常に大切**であると言えます。

## ❖孤独な上級トレーダーがいないこともないが……

さて、上級トレーダーに教え好きが多いとは言いましたが、彼らが誰彼構わず惜しみなく教えているかと言えば、決してそうではありません。彼らも人間ですので、たとえば最低限のギブアンドテイクもできないような初心者にまで懇切丁寧に教えたいという気持ちにはならないでしょう。

勿論、上級者と初心者の間には、知識・スキル・実績等々、ことトレードに関する限りは圧倒的に差がありますから、トレードに関する直接的な「お返し」をするのは至難の業でしょう。であれば、ちょっとしたプレゼントや手土産でもいいでしょうし、あるいは自分がよく知っている業界の裏話であるとか、その上級者が求めている何らかの情報でもいいでしょう。たとえ少しであっても「お返し」をしようとする姿勢を示せるかどうかが、心象をよくする上では非常に大きな差を生むことになるのです。

結局のところ、「人間性」の面で問題があると教えを請うべき上級者からは好かれず、また同程度の実力の仲間の輪も広げることもできず、結果的に人脈が全く広がらずに孤独に相場と対峙することを強いられることになってしまいます。

無論、先述した通り、孤独であってもそれなりに上級者となったトレーダーがいないわけではありませんし、弛まぬ努力で成長することは可能ですが、どこかの時点で成長が止まってしまう可能性が非常に大きいですし、もし「人間力」以外の面では全く同じ素質を持った二人のトレーダー志望者がいたとすれば、人間力の差の分だけ、成長のスピードと伸びしろの両面で大きな差がつくことになるでしょう。

## ❖人間力の差が、伸びしろになって表れる

筆者自身、どれだけ相場経験が長くなろうとも、周囲の親しいトレーダーから正に目から鱗が落ちるような貴重な情報や手法を教えてもらうことが頻繁にあります。

差し支えない一例を挙げると、大手証券会社の中には、一般の個人客には出していない大口顧客専用のレポートを発行しているところがあるのですが、実際にトレードする上で有益な情報が詰まっていることは多く、そうした価値あるレポートを共有してくれる知り合いがいるかいないかだけでも、相当な差がつくことは間違いありません。

また、それなりのトレーダーであれば手法でありエッジでありといったものについては、日々、それこそ血眼になって探し求めているのが通例ですが、広がってしまえば優位性が失われることが確実なそうした手法やエッジを、本当に信頼関係が出来ている場合には共有してくれるといったこともあります。逆に言えば、そういった関係性のある知り合いが少なければ少ないほど、トレーダーとしては伸びしろが少なくなってしまうことは間違いないところです。**成長したいのであれば「人間力」を高める。**その重要性は、強調してもし過ぎることはないと思っています。

「人間力」について言及したついでといっては何ですが、トレーダーの「人間性」についても少し触れておきましょう。

あくまで一般論にはなりますが、有能なトレーダーでありながら「お人好し」な人にはほとんど遭遇した経験がありません。

トレーダーでなく投資家と分類される人の中には、「みんなで楽しく儲けましょう」といったノリで多くの支持者を得ているタイプの人は少なくない印象がありますが、トレーダーの中ではついぞ見かけません。

実際問題、トレーダーは朝令暮改はおろか一瞬でポジションをドテン（買いから売りへ、または売りから買いへと逆転させること）するのも決して珍しくないわけで、支持者を集めて和気藹々としたコミュニティを作るのには全く向いていません。

厳密に言えば、「煽り屋」は例外であり、彼らはできる限り支持者をたくさん集めてそうしたコミュニティを作ろうと励みます。

しかしながら、言うまでもないことではありますが、彼らの目的は善意の投資家のそれとは全く違い、煽りに乗っかってくれる情報弱者を食い物にすることで利益を得ることが最大にして唯一のものとなります。

その意味では、彼らもまた一般的なトレーダーと同様に、（そのように見せかけるよう必死の努力はしますが）「お人好し」からは程遠い人間性を持っていると言えるわけです。

共通点④心理読みが上手い

# 独りよがりにならず、推察する能力が高い

## ❖「自分がどう思うか」より「他の参加者たちがどう思うか」

筆者はかねがね、優秀な自営業者や営業マン、あるいは恋愛巧者といった人たちこそ、トレーダーとしての適性が非常に高いと言い続けてきました。

こうした人々に共通するのは、卓越したコミュニケーション能力を持ち、相手の心理を読んだ上で適切な行動を取ることができるということになるでしょうか（それゆえ、決してトレードだけに限らず、ビジネスや恋愛といった他の分野でも「成果」を出せるとも言えそうです）。「人間力」として先述したこととも重なりますが、心理読みが上手ければ、相手の欲するものをタイムリーに与えることによって、結果として人から気に入られるということにもなります。

そうなれば必然的に、教え上手の上級者から学ぶ機会が増えることにもなるでしょう。

また、こういう事象が起こったら既存ホルダーあるいは非ホルダーながらその銘柄に関心ある者はどう感じどう動くだろうかといった推察をする能力を持っていることは、すなわち需給

読みの能力にも直結します。

たとえば、この時点である銘柄にポジションを持つことの期待値がプラスかどうかを判断するにあたっては、その銘柄について**「自分がどう思うか」より「他の参加者たちがどう思うか」のほうが遥かに重要**であることは言うまでもありません。

そうした判断が必要となるそれぞれの局面において、決して独りよがりにならず、冷静な需給読みの観点から見極められるということは、スイングトレードで成果を上げるためには極めて強力な武器になります。

共通点⑤資金管理能力が高い

# 長く生き残るために最も重要な能力

## ❖すべてを台無しにしないための二つの大原則

最後にくるのが資金管理能力です。あえて最後にこれを持ってきましたが、他のすべての能力が揃っていたとしても、万が一資金管理能力が決定的に欠如していたらすべて台無しになってしまうと言えるほど、実は最も重要な能力でもあります。

すでに第一章で詳述したためここで繰り返すことはしませんが、とにかく最終的には資金管理がすべてであるということだけは、改めて肝に銘じていただきたいものです。

さて、それほどに重要な資金管理ですが、ここで資金管理の大原則を記しておきたいと思います。

①「トレンドが逆行したら、ポジションは小さくする」

②「ボラティリティが大きい時ほど、ポジションは小さくする」

まず①については説明不要でしょう。トレンドに逆行すればするほど含み損は膨らんでいきます。早めの損切りが必須であり、トレンドに逆行しているのが明白であればポジションは切るのみです。

次に②についてですが、第二章で説明した通り、簡単な相場とはボラティリティの小さい相場であり、簡単な銘柄とはボラティリティの小さい銘柄です。裏を返せば、ボラティリティは大きくなればなるほど、トレードが内包するリスクも大きくなってしまうということです。したがって、破滅への近道は、ボラティリティが大きいのにポジションを大きくしてしまうことなのです。

### ❖「リスクパリティの売り」と「アンワインド」

一番わかりやすい例は、激しい暴落が起こった時に無限にナンピンを重ねてポジションを膨らませてしまうこと。特に大暴落時には、かなりのベテランで周りからは尊敬されるようなトレーダーであっても、ナンピンを重ね、それ以上買えないくらいにポジションを膨らませた上で、その後の更なる暴落をまともに食らって壊滅的な打撃を受けるという、初心者と全く変わらないような失敗事例をよく目の当たりにします。

彼らに言わせれば、「普通ならこのあたりで底を打つものなので、つい早まってしまった」

ということなのでしょうが、こういう事例は枚挙に暇がなく、「ボラティリティが大きい時ほど、ポジションを小さくする」という鉄則を本当に理解しているトレーダーが如何に少ないかがよく分かります。

実際、これまで数限りないほど多くのトレーダーが、この資金管理の面からは最悪の行動を取ることによってすべてを失うことになってしまいました。逆に言えば、この資金管理の鉄則さえしっかりと胸に刻んでおきさえすれば、トレーダーはそうそう簡単に窮地に追い込まれることはありませんし、たとえ一敗地に塗れたとしても何度でも再チャレンジは可能になるはずです。

プロフェッショナルなトレーダーは勿論のこと、顧客から預かった大切な資金を守る義務があるファンドなどは、資金管理の鉄則を遵守します。「リスクパリティの売り」という言葉は最近よく聞かれるようになってきましたが、これについて説明しておきたいと思います。

まず、リスクパリティ戦略というのは、世界的に有名なヘッジファンドを運営するレイ・ダリオが提唱し始めた資産運用理論で、たとえば株と債券からなるポートフォリオを組んでいた場合、それぞれのリスクの割合が均等になるように配分を変えるというものです。

そのリスク計測の基準となるのは、やはりボラティリティです。あまりに激しい変動をするものはリスクが高いということで、資産の配分を減らすということになります。株式市場で暴落が起これば、リスクパリティ戦略を採るファンドは株式の比率を下げ債券の比率を上げる行動に出ます。これが「リスクパリティの売り」と呼ばれるもので、暴落時に更なる大きい売りが出てくる理由の一つになっています。

また買いだけでなく売りも同時に行うロング・ショート戦略を組んでいるファンドの場合には、相場が大荒れになると、買っているものを売り、逆に売っているものを買い戻します。アンワインド（巻き戻し）の動きとして解説されるものですが、実際にファンドのアンワインドが行われた場合、買っているものは更に大暴落する一方で売っているものは買い戻しによって意外高することもあるので注意が必要です。

## ❖意外に軽視されている、タートルズの資金管理ルール

ところで、第一章でタートルズについて言及しましたが、実は意外に軽視されている彼らの凄さの一つに、「徹底した資金管理」があります。

具体的に言うと、タートルズは1トレードあたりのリスクを「総資金の2％」という決して大きくはないものに限定し、それを元にポジションサイズを決めていたようです。

もう想像がついたかと思いますが、トレード対象のボラティリティが大きいものであればあるほど、ポジションサイズは小さく抑える資金管理を行っていたというわけです。

こうした厳格な資金管理ルールが徹底されていたからこそ、決して勝率は高くない、すなわち負けトレードが連続することが決して珍しくない手法を用いながらも途轍もないパフォーマンスを上げる者が続出し、伝説のトレーダー集団としてタートルズは相場の歴史にその名を刻む結果となったのです。

また日本に古くから伝わる相場格言として、「相場のカネと凧の糸は出し切るな」とか「満玉張るな」というものがあります。

調子に乗って株に全資産を投入した上に信用取引でレバレッジまで掛けるのはギャンブルそのものであり、長く相場を続けたいのであればそういう資金管理上無謀なポジションは取るべきではないという戒めの言葉です。

実際、確実に自分が張った方向に相場が進むのであれば全資金を投入してレバレッジを掛けてポジションを持つのが正解になるのですが、もし逆に行ったなら……。

どんな事でもあり得るのが相場ですし、**「絶対ということは絶対ない」**というのが相場の実相です。

どんなに自信があろうとも、相場は必ずしも自分の思った方向に進むものではないという謙虚さと自己規律を持ち合わせてさえいれば、トレーダーはイチかバチか、生きるか死ぬかのギャンブル的なポジションを取ってしまうことはなくなるでしょう。

これまでも本書では、繰り返し資金管理の大切さを説いてきましたが、トレーダーとしてスタートした当初から本能的にその意味を理解している人は非常に少ないという印象を持っています。

逆に言えば、それは本を読んだり、他のトレーダーの経験談から学んだりと、後天的に身につけるべきものかとも思いますが、いずれにしても、いつまで経っても資金管理に重きを置くようにならないのでは、トレーダーとして長く生き残り成功するのは非常に難しくなるのは間違いありません。

**資金管理を徹底し、乱高下する難しい局面は避け、できる限りやさしい相場でやさしい銘柄でやさしく取るよう心がける。**それさえできるようになれば、そのトレーダーは少なくとも「相場に留まり続けられる可能性が極めて高いトレーダー」になれることでしょう。

# 第4章

# 上級トレーダーへ進化するために

## 「銘柄分析能力」ばかりにとらわれすぎない

### ❖パフォーマンスを最終的に決定するのは「売買スキル」

経験の浅いトレーダーの大きな、そしてある意味致命的とも言える誤解の一つに、上級者とは「銘柄分析能力」に長けている人のことだというものがあります。勿論、銘柄分析能力は非常に重要であることを否定するものではありませんし、上級者は概して銘柄分析能力に長けていることが多いというのもまた真実です。

しかし、言うまでもありませんが、**トレーダーのパフォーマンスを最終的に決定するのは、売買の巧拙以外にはありません。**非常に銘柄分析能力に長けていても、場合によっては銘柄に惚れ込みすぎて撤退ポイントを見誤り、結果的には多額の損失を出してしまうようなケースすら全く珍しくはありません。結局のところ、銘柄分析能力は確かに大きな武器ではありますが、売買スキルが極端に低いようであれば、何の意味もなさなくなり得るということになります。

それでは、トレードにおいて最も大切な売買スキルを向上させるにはどうしたらよいかについて、詳述していくことにします。

# トレードは「サヤ取り」ということを理解する

## ❖「サヤ取り」とは

「サヤ取り」とは、簡単に言えば、安いものを買うと同時に高いものを売ることで、いずれその価格差が近づくのを待って精算することを指します。

ポイントは買いと売りとを同時にするということであり、たとえば割安の銘柄を買う一方で割高の銘柄をほぼ同金額になるよう空売りすれば、その後相場全体が上がろうが下がろうが関係なくいずれその二つの価格差が縮まるのを待てばよいという、極めて安全性の高い取引です。

特に商品相場においては、全く同一の商品でも限月の違いでサヤが開くことが多く、サヤ取りを専門にしている業者やプロは多く存在します。また株においてもサヤ取りを専門とし、目立たないが着実に利益を積み重ねるプロは決して少なくないように思われます。

さて、サヤ取りの説明が長くなってしまいましたが、実は筆者は、たとえば買いのみしかしないトレーダーであっても、本質的にはサヤ取りをしているのだと考えています。どういうことなのか、以下に説明していきたいと思います。

あるトレーダーがある銘柄を８００円で買ったとします。なぜ買ったかと言えば、（永久保有が前提という特別な場合を除いて）８００円なら割安でありいずれ売る際には値上がりしているであろうという想定のもとに買ったにほかなりません。

すなわち、その際に想定されている「妥当株価」が８００円以上であることは明らかであり、「現在株価」と「妥当株価」との間に乖離（サヤ）があると考えたからこそ買いを入れたということになるわけです。

勿論逆のケースもあります。すなわち、保有している銘柄の妥当株価が１０００円だとして、それが急騰して１３００円になったとすれば、そのトレーダーは割高だと判断して利益確定に動くことでしょう。

要するに、**頭の中に妥当株価という基準があって、それより安いと考えるものを買い、高いと考えるものを売るというサヤ取りを延々と繰り返すのがトレーダーの仕事**ということになるのです。更に言えば、より割安（正にバーゲンセール）だと思う銘柄ほど買う量を増やすというのも、トレーダーにとっては自然な行動ということになるかと思います。また勿論、自身が考える妥当株価から特に乖離がない場合には、何もしないでいればいいということになるわけです。

## ❖トレーダーは、ショートスキルも身につけるべし

ここまで述べた通り、買いだけであっても本質的にはサヤ取りということは間違いないのですが、筆者の個人的な意見としては、やはりトレーダーにはショートのスキルも身につけていただきたいと考えています。

数年あるいは数十年単位で株を保有し続ける真の意味の長期投資家であれば別ですが、比較的短期に売買を繰り返すトレーダーであれば、やはり「買い」しかできないというのは、強力な武器となり得るものを最初から捨てることになってしまうからです。

特に年単位で延々と下げ相場が続いてしまうような相場状況においては、買いしかできないトレーダーは、ただ見守ることしかできなくなってしまいます。しかし、実はそれはむしろベストに近い対応であって、特に専業トレーダーの場合には、実際には生活費を稼げなくなることへの不安から、下げ相場と分かりつつも買いで勝負に出続けることを余儀なくされてしまう可能性が高いことでしょう。

筆者の周りには、ショートが得意なトレーダーやショート専門のトレーダーまでいるのですが、やはり彼らはそれなりに場数をこなしてきたベテランであり、駆け出しのトレーダーがいきなりショートを使いこなすというのは現実的ではないかもしれません。

そういった場合には、少なくともヘッジとして、新興株中心のロングをしているのであれば

少ない枚数でもよいのでマザーズ指数先物をショートするなどしてみると、少なくとも下げ相場をまともに食らうことだけは避けられるはずです。

指数よりは良いパフォーマンスを示すような銘柄を適切にロングすることさえできれば、全体相場が上に行こうが下に行こうが関係なく、文字通りマザーズ指数先物との「サヤ取り」でそれなりのパフォーマンスを残すことも可能になるでしょう。

## ❖ショートをしないことのデメリット

あと実は、ロングのみでショートをしないことのデメリットというものが一つ明確にあります。それは、「ニュートラルな目線」を失ってしまうということです。

要するに、常にロングのみで「買い方」の立場にしかいないのであれば、「売り方」の考え方や心理はある程度想像はできたとしても、なかなか実感が湧かないことになるはずです。その結果、仮にニュートラルな立場であったなら当然売りという判断をするような状況になったとしても、「もう少し様子を見たい」といった感じで損切りや撤退の判断が遅れてしまいがちになります。

また、常に買い方でいる限り、基本的には相場が上がることだけを望むようになってしまい、先行きを冷静かつ客観的に読むことも非常に難しくなります。

たとえば、2020年のコロナショックにおいては、誰しもウイルス禍が早期解決し、株式市場においても日常生活においても一日も早く平穏な日々が訪れることを強く望んだのは言うまでもないわけですが、特にロングしかしないトレーダーは、楽観論に流れ、事態の推移を冷静に見極められなかったのではないでしょうか？

逆に、日頃からショートに慣れているトレーダーであれば、勿論ウイルス禍の早期解決は望むけれども最悪のシナリオが現実化した場合の備えもしなければ、という目線を容易に持つことができたことでしょう。

このように、**トレードにおいて冷静かつ客観的な判断を下すことができるようになるという意味で、トレーダーがショートにも慣れていることは、大きな意味を持っている**と言えます。

## 「目利き力」を養う

### ❖株なら、ズブの素人でも高いか安いか判断できる?

目利きについてはすでに第一章でも触れましたが、先述した「サヤ取り」を成功させるのに必要なのは正に目利き力です。

トレーダーであれば、その瞬間瞬間において、自身が売買対象とする銘柄に現在付いている価格が高いのか安いのか、はたまた適正なのかを、目利き力をもって判断しなければなりません(ただし、自身の関心領域外にあってトレードするつもりのない銘柄については、よく分からないので判断を保留したとしても当然OKということになります)。

そんな目利き力の養い方ですが、やはりできる限り多くの場数を踏むことこそ、遠回りながら唯一確実な方法になります。というのも、株価は何らかの公式があってそれに当てはめれば誰にでも解が求められてしまうようなものからは程遠いものだからです。

株価はむしろじっと動かずにいることのほうが稀で、需要と供給とのバランスによって瞬間瞬間で上に行ったり下に行ったりします。そんな中で高いか安いかをある程度でも見極めるのには、経験を積むよりほかないでしょう。

裏を返せば、目利き力など備わっているはずもない初心者が、いきなり他のトレーダーと同じようなパフォーマンスを上げられるわけがない、ということにもなります（誰が買っても儲かってしまうような特別に地合がよい時は例外になりますが）。

ズブの素人が魚市場に買い付けに行ったとしてプロの魚屋さんと変わらない入札ができると思う人はいないはずです。それがなぜか、こと株に関する限り、全くの初心者であっても的確に買いや売りの判断ができると勘違いしてしまう人が続出してしまうのは一体どういうことなのでしょうか？

全く意味不明でしかありませんが、**目利き力はとにかく株式市場でトレーダーとして生き残り続けた結果として、できる限り多くの場数を踏んで養っていくしかない**ということだけは覚えておいてください。

# 通用するものを残し、通用しないものを捨てる作業を繰り返す

## ❖改善ポイントを潜在意識の奥の奥にまで叩き込む

「知ったら仕舞い」等の名言があり、田附将軍と呼ばれる大相場師として活躍した田附政次郎は、相場を始める前に、過去の大手仕手筋の「失敗事例」を徹底的に研究し尽くしたそうです。「愚者は経験に学び、賢者は歴史（他人の失敗）に学ぶ」というビスマルクの名言を地でいくようなエピソードです。

しかしながら実際問題としては、田附将軍のような天才相場師であればともかく、トレードのように経験してみないと分からないことが余りにも多すぎるような分野においては、最初から他人の失敗に学ぶことは非常に難しいものがあると言わざるを得ません。筆者も含め、凡人はやはり自らの経験、特に失敗経験から真摯に学び、改善を重ねていくのが王道であると思います。

では具体的にどうするかですが、筆者自身は、**トレードで失敗する度に駄目であったと感じたことをすべて書き出す**ようにしました。

その上で、それを寝る前など暇さえあれば読み直すことで、二度と繰り返さないよう心掛けました（と言っても簡単には矯正できないので、何度も何度も書き換えたり加筆したりすることを繰り返しました）。

更に言えば、そうした改善ポイントの中でもその時点で最も重要であると思われるものについては、毎朝証券会社にログインする際のパスワードとしました。

具体的に言うと、日本語そのままでは長すぎてしまうので、一日英語に翻訳した上でその文章にある単語の頭文字だけをつなげる形としました。実際のところ、これは意外に強力なメソッドであり、毎朝の入力の繰り返しによって潜在意識の奥の奥にまで叩き込めたのがよかったのか、パスワード化した改善ポイントはその後すべてクリアされることになっていきました。

# 売買譜は最高の教科書

### ❖まず「何をするべきではないか」を明確にする

特別な天才トレーダーを除けば、一般にデビューしたてのトレーダーは面白いほどに負けを重ねていきます。大切な資金を減らし続け、相場から自己否定をされるような日々を送りながらも、何とか退場せずに生き残った者だけがトレードを続けられるわけで、正確な統計などはどこにもないとは思いますが、多少甘めに見積もっても恐らくトレーダーの生存率は10％以下、最終的に専業トレーダーとして生計を立てられるようになる比率は1％以下になることでしょう。

それほどにトレーダーの生存競争には厳しいものがあるわけですが、実は、デビューしたてのトレーダーには非常に大きなエッジがあります。

それは売買譜（売買記録）です。というのも、連戦連敗しているということは、もし仮に逆をしていたとしたならば連戦連勝であったということになるからです。

したがって、日々自身の売買譜を振り返り、どのような理由あるいはどのような心理状態からそのトレードをしたのかを詳細に分析したならば、そこには正に負けない（勝つための）ヒントが満載となっているはずなのです。

特に効果的なのは、チャートに自分自身が買ったり売ったりしたポイントをプロットしていくことです。これにより、どのような時に買い、どのような時に売ったのかが、文字通り一目瞭然になります。

駆け出しのトレーダーの典型的な負けパターンは「強欲で買い、恐怖で売る」形ですが、恐らくそうして作成したチャートからは、自身の心の動きが手にとるように見えてくることでしょう。

こうした作業を積み重ねることでまず明確に分かってくるのは、「何をすべきか」よりは「何をするべきではないか」です。しかし、連敗続きとなっている理由である**「何をするべきではないか」さえ分かれば、少なくとも非常に負けにくくなってくる**ことは請け合いです。

そうして、負ける理由を徹底的に排除した上で、どうしたら勝てるかを突き詰めていくのが、上級トレーダーへと進化していくための第一歩と言えるでしょう。

# 上級トレーダーとは

## ❖トレーダーの評価基準

ところで、上級トレーダーの定義とは何でしょうか？

長年生き残っているトレーダーなのか、それとも生涯獲得金額がある基準以上を達成したトレーダーなのか？

実は、筆者にも明確な答はありません。それぞれのトレーダーの実力に関しては、その言動などをしばらく見ていればおおよそのところは見当がつくため、筆者の中で何となくレベルでこの人は上級トレーダーと判断しているに過ぎませんし、恐らく他の人たちも同様なのではないでしょうか？

ただ一つの分かりやすい基準としては、専業トレーダーとしてトレード一本で数年間にわたって生活し、資産を増やすことにも成功したというものがあるかもしれません。しかしながら、専業トレーダーとして食べていけているといっても、ある年は数千万円のプラスであるが次の年は逆に数千万円のマイナス、かなり激しい資産の乱高下がありつつも何とか生き残ってきたというトレーダーもいれば、極めて安定的かつ危なげなく資産を伸ばしてきたというトレーダーもいます。

どちらがよいかは人によって好き嫌いもあるかもしれませんが、客観的に見て将来にわたって生き残るであろう確率が高いという意味では、圧倒的に後者のほうが優秀と見て間違いないかと思います。

「生き残り」こそ最重要事項と考える筆者自身もやはり、大勝したり大敗したりを繰り返すようなブレの大きいトレーダーではなく、ドローダウン（最大資産から落ち込んだ場合の下落率）をできるだけ小さいものに抑えつつ損益曲線を美しい右肩上がりのものにできるような安定感あるトレーダーを理想像としています。そして実際、自身の損益曲線も、専業トレーダーとなって以来、それなりにきれいな右肩上がりの曲線を描いてきたと自負しています。

現実問題として、他のトレーダーの損益曲線を見せてもらうのは非常に難しいことです。したがって、話をする中で損益のブレの大きさをある程度把握することが精一杯でしょうが、**安定感のある資産の増やし方をしているかどうかは、トレーダーの評価基準としては極めて有力なもの**であると言えるでしょう。

# 第5章

# 順張りスイングトレードの秘訣

# ボラティリティブレイクアウトを活用する

## ❖沈黙のブレイクアウト

ボラティリティブレイクアウトに限った話ではなく、そもそもブレイクアウトというのは、順張りトレードにおける最も重要かつ強力なエントリーポイントになります。そんなブレイクアウトの具体例としては、「新高（安）値更新」や「移動平均線上（下）抜け」、「（たとえば1000円のような）節目となる株価の突破」などが挙げられます。

もちろん結果的にダマシになることも往々にしてあるわけですが、これらのブレイクアウトは市場参加者の誰もが注目しているポイントでもあって、実際にブレイクアウトが成功した折には、トレーダーは大きく報われることになります。

さて、こうした一般的なブレイクアウトが言わば明々白々なブレイクアウトである一方、ボラティリティブレイクアウトというのは、その概念に慣れ親しんでいる者以外（換言すれば株式市場参加者のほとんど）には一切気づかれることのない「沈黙のブレイクアウト」とも呼ぶべきものでしょう。

なぜなら、（システムに任せれば一発ですが）基本的には複雑な計算をしないと出てこない株価がブレイクアウトポイントになるからです。

### ❖ボラティリティは、ボリンジャーバンドやATRを使って判断

では、ボラティリティブレイクアウトについて具体的に説明していきたいと思います。

まずボラティリティについては、本書の中ですでに何回も言及していますが、「価格の変動率」という意味の言葉です。

念のため、改めて詳しく説明すれば、大きく価格変動している時はボラティリティが大きい、逆に価格変動が小さく収まっている時にはボラティリティが小さい、ということになります。

というわけで、ボラティリティブレイクアウトというのは、それまでの平均的な価格変動幅を破るような動きが出た時に起きるものなのです。その典型的なパターンとしては、次ページ右記の四つになります。

①ヨコヨコから上昇トレンド発生

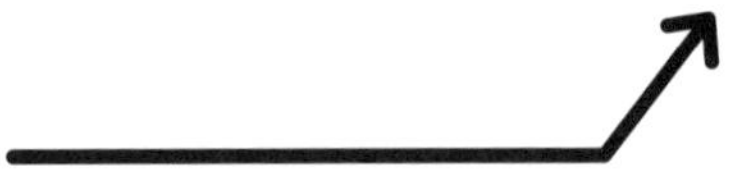

②ヨコヨコから下落トレンド発生

③上昇トレンドから突然の下落スタート

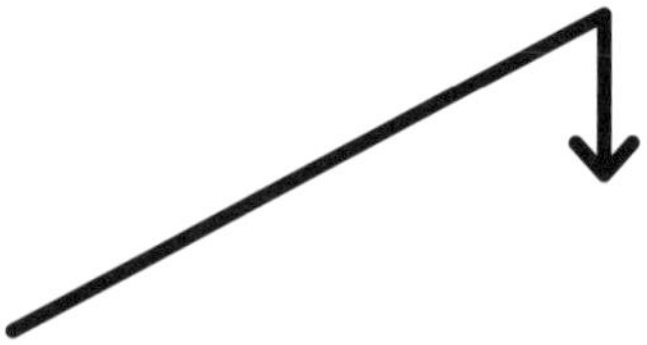

④下落トレンドから突然の上昇スタート

一つ目は、横横状態からの上昇トレンドの発生。

二つ目は、横横状態からの下落トレンドの発生。

三つ目は、上昇トレンドを打ち破る突然の下落スタート。

四つ目は、下落トレンドを打ち破る突然の上昇スタート。

要するに、それらのいずれもが、それまでしばらく安定して継続していた状態を壊す何らかの強い力が発生したことを示すものになります。

こうして発生した上あるいは下への方向性というものは、しばらく継続するトレンドとなる確率が高いために、**ボラティリティブレイクアウトは非常に多くのトレンドフォロワーから支持される買い（または売り）のきっかけ**となるわけです。

なお、ボラティリティブレイクアウトは、テクニカル的には、ボリンジャーバンドまたはATRを利用して判断します。また、その両方を使って判断する人もいるかもしれません。

証券会社が提供する無料のツールであっても、最近ではボリンジャーバンドやATRが見られるものが多くなっており、非常によい時代になったと思います。昔は無料のツールでは全く不可能であり、以前システムトレーダーであった筆者は、日本円換算で数十万円にもなる英語版しかない米国製のシステムトレードソフトを愛用していました。

また、筆者はボリンジャーバンドよりは圧倒的にATR派であって、ボラティリティブレイクアウトは常にATRを使って判断しています（ATRについては、エクセルなどの表計算ソフトでも計算することも可能です）。

## ATR：Average True Range（アベレージトゥルーレンジ）とは

### ❖トゥルーレンジの平均がATR

ボラティリティを判断するのに最も有用なATRですが、Average True Range（アベレージトゥルーレンジ）の略語になります。トゥルーレンジの平均（アベレージ）を取ったものがATRですので、まずはトゥルーレンジについて説明します。

簡単に言えば、トゥルーレンジとは、「一日における値動きの幅」のことであり、以下の三つの値幅の内で最も大きいものが当日のトゥルーレンジになります。

①当日の高値から安値までの値幅
②前日の終値から当日の高値までの値幅
③前日の終値から当日の安値までの値幅

こうして求められたトゥルーレンジを3日とか5日とか任意の日数を決めた上で平均を取っ

たものがATR（アベレージトゥルーレンジ）になります。その日数を何日にするかは人によりますが、2日というのは聞いたことがありませんので最低でも3日、逆に長くても30日といったところかと思います。

そんなわけで、一口にATRと言っても「何日のATR」かによって全く数値が違ってきますので、各人で好みの日数（トレード対象となるものに一番合うと思われる日数）を決める必要があります。

## ❖ボラティリティブレイクアウト発生の判断の仕方

ATRが大きいということはすなわちボラティリティが大きいということであり、逆にATRが小さいということはボラティリティが小さいということを意味します。そして、ボラティリティブレイクアウトというのは、急騰または急落などが起こって過去の任意の期間のATRの何倍かの値動きが生じた場合に発生します。

それを何倍にするかもATRの期間と同様に人によって違うのですが、大体の目安としては1.5倍から3倍くらいでしょうか。また上げの場合と下げの場合で倍率を変えるという人もおり、実際に筆者もそうしています。

念のため補足すれば、ATRが小さい場合には、ちょっとした動きでもボラティリティブレイクアウトが発生するということになり、逆にATRが大きい場合にはそれを更に上回るような激しい動きが起こってはじめてボラティリティブレイクアウトが発生することになります(毎日とんでもなく乱高下をしているような時には、それすらをも上回るようなボラティリティブレイクアウトが発生するためには正に歴史的規模の値動きが必要になるということです)。

筆者が採用しているATRの期間、およびATRの何倍でボラティリティブレイクアウト発生と判断しているかについては、公開することを控えます。その理由ですが、先にご紹介したタートルズの手法のように、公開することのデメリットは非常に大きくなり得るためです。同じ数値を用いる人が増えれば、たとえばそのポイントで逆指値を入れる人が増えて値段が飛ぶようなことも当然発生することになります。実際にATRを利用するのであれば、必ずご自身で最善のものを探し出してみてください。

## ❖タートルズは損切りラインにも活用

さて、タートルズと言えば、実は彼らはATRと同じ分の値動きで資金の1%が変動するようなポジションサイズにした上で、ATRの2倍分の価格逆行をもって損切りラインとしていました。

そうすることによって彼らは、1トレードあたりのリスクを「総資金の2％」に抑えたのです。要するに、彼らの卓越した資金管理（ポジションサイズと損切りライン）もまた、あくまでもボラティリティを基準にしたものであったというわけです。

このように**世界の多くのスーパートレーダーたちがボラティリティやATRといったものを非常に重視している**のにもかかわらず、そのような日本の株式トレーダーが非常に少ないのは不思議でなりません。

もっともATRといった用語を知らなくても直感的にそれを理解した上で結果も残している日本の株式トレーダーは少なくないものと想像しますが、もう少し広く一般的な用語として日本でも認知されてもいいのではと思っています。

# なぜ、ボラティリティブレイクアウトが発生するか

## ❖典型的な3つのケース

結論から言えば、ボラティリティブレイクアウトは需給が一大転換するために発生し、その後需給が再び大きく転換しない限り、上昇であっても下降であってもトレンドというのは継続していくことになります。

では、どのようなことが起こった時に需給が一大転換するかと言えば、実際には非常に多くのケースが存在しますが、個別株に話を限った場合、典型的なものとしては、左記の3つが挙げられるでしょう（全体相場のボラティリティブレイクアウトについては全く違う理由になりますが、ここでは省略します）。

### ①企業業績の大きな変化

業績の急激な向上や赤字からのV字回復といったよいほうへの変化、またそれらとは全く逆の悪いほうへの変化です。具体的には、超絶好決算の発表や上方修正といったイベントを機に

始まることが多いと言えます。当然ながら、長期的には株価は業績に連動するものですので、ボラティリティブレイクアウトの発生要因として、企業業績ほど確かなものはないと言えそうです。

**②ブームの発生と終息**

株式市場では時折、何らかのテーマが囃されることがあります。そうしたテーマは、その後実際に企業業績へと結びつくことが全くないわけではありませんが、多くの場合、過剰な期待感が関連する銘柄群の人気に火を点け、それら株価は実態以上の高値まで買い上げられることとなります。そうした一時的なブームはいずれ萎んでいくことになるわけですが、そうなった時の株価は、最終的にはまるで何事もなかったように元通りの位置にまで戻っていくのが通例です。

**③特に目立った理由もなく株価が先行するケース**

傍目には順風満帆にしか見えない銘柄の株価がある日突然変調をきたし、長く続いた上昇トレンドが明らかに下方向へと転換してしまう――このように株価（チャート）がファンダメンタルズの変化よりも先に変化を見せて、その後で業績などの事実がついてくるというのは意外に多く見られるパターンと言えます。

それが特に顕著なのがいわゆるシクリカル銘柄（景気敏感株）です。シクリカル銘柄は、業績をかなり先取りして動くのが一般的です。すなわち、業績悪化が続いているその最中に株価は上昇し始め、業績改善が誰の目にも明らかになった時にはすでにかなりの高値を付けていたりします。

勿論、逆もまた真なりで、業績向上が続く中でピークをつけて下げ始め、最高の業績が実現した暁にはすでに株価はかなり下の水準にあったりするというわけです。

株価の先見性と言ってしまえばそれまでですが、いずれにしてもボラティリティブレイクアウトが発生したのであれば逆らうことなく素直に従うまでということを徹底しなければなりません。

## 順張りの極意は「上がり始めたら買え。下がり始めたら売れ」

「上がり始めたら買え。下がり始めたら売れ。一番安いところで買ったり、一番高いところで売れるものだと思うな」（村上勇氏＝村上世彰氏の実父）

### ❖最高の利食いを可能にするボラティリティブレイクアウト

これは村上世彰氏の『生涯投資家』という本の中に出てくる言葉なのですが初めて出会った時は大きな衝撃を受けたものです。というのも、従前より筆者の中でボラティリティブレイクアウトというスイングトレードで売買する際の軸は出来ていたものの、その本質を見事に表す言葉にはついぞお目にかかったことがなかったからです。

しかし、この言葉は順張りトレードの極意そのものだと感じましたし、筆者自身が長らく何となく理解はしていたものの具体的な言葉には表せなかったのはこれだ！と感激することしきりでした。

**「上がり始めたら買え（下がっている間は買うな）。下がり始めたなら売れ（上がっている間**

**は売るな）。また、そもそも当てられるわけのない天井や底で売買しようとするな」。**

これぞ正に、ボラティリティブレイクアウトによる売買そのものです。そして、たったこれだけのことさえ心の底から理解できたなら、トレンドというものに対する意識が希薄であるがゆえに勝てなかったトレーダーにとっては、福音以外の何物でもないでしょう。

よくトレードの秘訣は「損小利大」であると言われます。損切りはできるだけ小さく、利食いはできるだけ大きくという意味なのですが、プロスペクト理論が示すように、ヒトは本能的には全く逆の「損大利小」となる行動を取ってしまうものなのです。

しかし、**手仕舞いは必ずボラティリティブレイクアウトを利用する（それまでは放置）と決めてしまえば、思惑通り順調に右肩上がりをし続けている間は決して安易に利食いしないで済む**ことになります。

より正確に言うなら、利食いしたくてもルール（システム）が利食いさせてくれないということになるでしょうか。勿論、ダマシとなる可能性は常にあります。

しかしながら、もしも上げトレンドが崩れたばかりか延々と下げトレンドが続くような事態に陥った際には、ボラティリティブレイクアウトによる判断によって、結果的に最高の利食いが実現するということになるわけです。

## ❖ボラティリティブレイクアウトへの対応でわかる上手下手

一般論として、上方向へのボラティリティブレイクアウトが発生するところでは、含み損を抱えたトレーダーからのやれやれ売りが出やすくなります。また、更に上へ上へと上昇していく中で、そうした下手なトレーダーのシコリ玉はどんどん吸収されていくことになります。そして彼らが買い戻しをしたくなった時には、自らが売った時点よりもはるか上にあるという状況になっていることが往々にしてあります。

その逆に、下方向へのブレイクアウトが発生するところでは、それまでの上昇過程で指をくわえて見ていた下手なトレーダーがようやく安くなったということで買いを入れやすいポイントとなります。彼らは、そこから下がれば下がるほど、ますます割安になったと勘違いして買い下がっていきます。そして気がついた時には、下げトレンドが本格化し、含み損をたっぷり抱えた下手なトレーダーたちの群れが一丁上がりという結果になります。

いつもながら繰り返されるこうした動きを見ていると、上手いトレーダーと下手なトレーダーの売買は、多少違っているといった程度の差ではなく、むしろ真逆と言うべきものだとさえ思われます。換言すれば、**上手なトレーダーと下手なトレーダーを分けるものは、ボラティリティブレイクアウトに対する対応の違い**、とすら結論づけられるかもしれません。

これほどまでに重要なボラティリティブレイクアウトが、少なくとも株式市場においては市場参加者にほとんど意識されることがなくこれまできたということ自体、筆者から見ると本当に不思議でなりません。

## ❖ボラティリティブレイクアウトが起こったら「頭の切り替え」をする

仮に次ページ下図のような動きをした銘柄があるとしましょう。

一つの大相場を演じる株の典型的な値動きですが、1では非常にわかりやすい上方向へのブレイクアウトが起こっています。ここは上手いトレーダーが買いを入れてくる絶好のポイントでもあります。また既存のホルダー側としては、これまで株価が動かないことに苛立っていた場合、1で早速やれやれ売りをしてしまう可能性が非常に高いと思われます（上級者であればいよいよ上昇局面がスタートしたと見て買い増しをしてくるでしょうが）。

2は下方へのボラティリティブレイクアウトです。これは結果としてはダマシになるわけですが、1で買っていたのであれば一旦利益確定するのは戦略として正しいでしょう。

その後3で改めて上方向へのボラティリティブレイクアウトが発生しますので、もし2で売っていたのであれば、改めて3で（一旦売ったところより高値となったとしても）買い直ししたいところです。

そして4でついに、下方向への（結果的にダマシではない）ボラティリティブレイクアウトが発生します。

その後は時折（ダマシの）戻りを入れながらも長期にただただ下げ続けることになっていくわけで、この4で利益確定できれば万々歳です。しかし、実際のところは、往々にして悲劇はここからスタートするのです。

特に、それまでの上昇相場でよい思いをした者ほどその傾向が強くなるのですが、これまでの鮮やかな上昇劇が頭から離れず、なかなかその銘柄への未練が断ち切れなくなってしまうのです。最悪の場合は、下方へのボラティリティブレイクアウトが発生したにもかかわらず手仕舞いできないどころか、逆にチャンスとばかり延々と買い下がりを続けていってしまう可能性すらあります。

結局のところ、下方へのボラティリティブレイクアウトが発生したことへの対処によって分類するなら、（空売りができないという前提で）すべてポジションを閉じるのが上手なトレーダー、一部だけは残すがほとんどのポジションは閉じるのがまずまずのトレーダー、そのまま放置するのが下手なトレーダー、そして株価

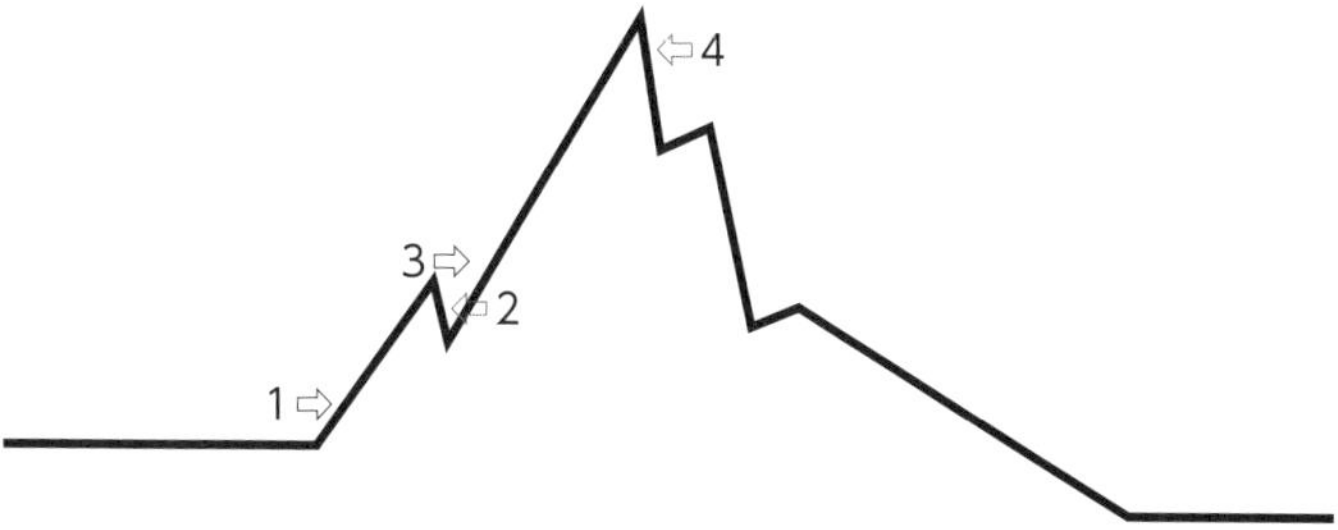

が下がるほどに買い増しをし傷口をどんどん拡げていくのが最悪のトレーダーということになります。

**ボラティリティブレイクアウトが起こったら「頭の切り替え」をする。**スイングトレーダーが相場で生き残っていくために、これ以上に大切なことはないと言えるでしょう。

## 靴磨きの少年（最後の買い手）を利用する

### ❖「最後の買い手」はどのようにして現れるか

1929年の大恐慌の前、靴磨きの少年までもが株の儲け話をしたことに危機感を覚えたジョセフ・P・ケネディが、すべての株式を売り払って、その後発生する大暴落を免れたという逸話は有名です。

まったく株式市場とは恐ろしい場所で、最も下手な人たちが積極的に買い始めたところで天井を打ってしまうものです。「逆指標」という言い方をしたりしますが、下手な人たちをウオッチしておき、彼らが買い始めたところで売り、逆に彼らが投げたところで買うという手法は、実際に非常に有効であったりします。

言い換えれば、周りがガンガン儲けているところを見て辛抱たまらず買い始めてしまうような人こそが「最後の買い手」であって、彼らが買ってしまえば、もう全員買ってしまっているのでそれ以上買ってくれる人は誰もいない状況となってしまうのです。

個人的に最も強く記憶に残っているのは2000年、日本株として初めて株価一億円を突破したヤフー株です。というのも、知り合いの一人がヤフー株を保有していたのですが、一億円という株価を忘れられず、その後株価が十分の一程度まで暴落した後でようやく処分したという話を売却後かなり経ってから失敗談として聞くことになったからです。

一億円を超すまでホールドし続けられた「握力」は大したものではありますが、やはり「最後の買い手」が現れてしまった以上、できる限り早めに手放してしまうに限ります。

また言うまでもなく、もし彼がボラティリティブレイクアウトという概念を知っていたなら、結果は全く違ったものになっていたことでしょう。

## ❖最後の買い手（売り手）を利用する

ところで、一旦下方向へのボラティリティブレイクアウトが発生し、明らかにトレンドが下げ方向になると、「需要のこじれ」が発生します。そこからは、少しでも戻れば戻り待ち勢が売ってきます。

また逆に下がれば下がるほど、不安感から売りたくなる者が増えますし、更に言えば、チャートを見ているだけの第三者からすれば「こんな下落株なんて買えない」ということになるのです。要するに、どのみち下に行くしかないという状況となり、下手な者ほどなかなか踏ん切りがつかず、損切りタイミングが遅くなり、いい加減下げきったところから諦めの心境になります。

そして最後の最後、追証がかかるなどして追い詰められてどうしようもなくなってはじめて、最も下手な人たちが損切りを決行する（強いられる）――そうすると、もうそれ以上売りたい人は誰もいなくなってしまいます。つまり、今度は彼らが最後の売り手となって、相場はようやく大底をつけることとなるわけです。

賢明な読者の皆さんにはもう想像がついていると思いますが、最後の買い手や最後の売り手が出現したらどうなるでしょうか？

需給の一大転換、すなわち、それまでの上昇トレンドや下落トレンドを一大転換させるボラティリティブレイクアウトが発生するということになるのです。言うまでもないことですが、**最後の買い手（売り手）にならないよう気をつけるとともに、逆に彼らを利用するような相場巧者になることを目指すべき**なのです。

# 爆発的に利益を増やす「ピラミッディング」をマスターする

### ❖初心者と上級者はナンピンを好み、中級者はナンピンを嫌う

ある程度の期間にわたってトレードをし続けている人でナンピンという言葉を聞いたことがないという人はほとんどいないでしょう。株価が下がるに連れて買い増していくのがナンピンで、特に初心者は、下げ相場であっても本能的にこれをやってしまいがちであって、一歩間違えれば相場から退場させられる原因にもなりかねない行為です。

では、上級者は全くナンピンをしないかというと実はそんなこともなくて、実際にはナンピンを上手く使っている上級者は少なくありません。やや乱暴な分類になりますが、トレーダーとナンピンの関係は以下のようになると思います。

**初心者：ナンピン好き**（「無計画なナンピン」で死ぬ）
**中級者：ナンピン嫌い**（「無計画なナンピン」を慎むことで生き残る）
**上級者：ナンピン好き**（分割売買という名の「計画的ナンピン」でメシを食っている）

要するに、ナンピンは一歩間違えれば大変危険ではあるが、たとえば底値圏（と思われるところ）で持ち株数を増やしたい場合など、自分が何をしているのか冷静に判断できた上で、もし自分が間違っていたと判断できたらしっかりと損切りができるという前提のもとでは極めて有効なものになり得るものなのです。

## ❖初心者と上級者は「雰囲気」でトレードし、中級者は「理性」でトレードする

余談になりますが、表面上では、初心者と上級者は同じことをやっているというのが実は非常に多くあります。たとえば、トレーダーの値動きに対する心の動きとしては、ざっくりと下記のようになります。

**初心者：上だー、下だー**
**中級者：値動きはあるが狼狽しないようにしよう**
**上級者：上だー、下だー**

要するに、初心者はただひたすらに狼狽しつつ売買し、中級者は狼狽して売買することのないよう注意し、上級者はしっかりと値動きを見定めた上でトレンドに沿った売買をするという

ことです。

初心者と上級者はある意味「雰囲気」でトレードをし、中級者は「理性」でトレードをしているのです。しかし、初心者と上級者は表面上似てはいますが、両者が感じる「雰囲気」、またその「雰囲気」に対する対処の仕方は、実は全く別物なのです。

**初心者の逆をやることで中級者へと脱皮し、更に上達することで一周回って一見初心者と同じように見える行動を取りつつもレベルとしては数段上がっているのが上級者、**と言えそうです。

## ❖上級者でも意外に少ないピラミッディングの使い手

さて、前置きがかなり長くなってしまいましたが、ピラミッディングは、ナンピンとは全く逆のやり方になります。すなわち、上がれば上がるほど買っていく（下がれば下がるほど売っていく）ということで、これは人間の本能とは全く逆をいく行動であるため、上級者でもそれを得意にしている人は意外に少ないという印象を持っています。

ナンピンが一歩間違えれば恐ろしいほど損失が膨らむことに繋がることは多くの人が理解していると思います。裏を返すと、**ピラミッディングは一旦ハマれば爆発的に利益を増やすことに繋がる**ものなのです。

先述した通り、高くなればなるほど買いを増やすというのは人間の本能には反することです（実際に筆者自身も、トレーダーではなく一人の消費者としての立場に立てば、買い物は安くなればなるほどするものであって、高くなればなるほど買うような不合理な行動は一切取りません）。

したがって、特に初心者のうちは、ピラミッディングに対する心理的抵抗が非常に強いでしょうし、一旦逆方向へのボラティリティブレイクアウトが起こった際に素早くポジションを解消できるだけの自信がないのであればやらないほうが無難でしょう。

しかし、いずれ上達した暁には是非チャレンジしてもらいたいですし、実際にハマった際には自身のレベルが数段上がったことを自覚できること請け合いです。

## 「大勢《たいせい》順張り、小勢《しょうせい》逆張り」で利益を最大化する

### ❖順張りと逆張りを時間軸によって上手く使い分ける

たとえば次ページの図のように非常にきれいな右肩上がりの上昇トレンドを描く銘柄があったとしても、言うまでもなく、毎日上がり続けるばかりではありません。下がる日は当然ありますし、銘柄自体の勢いは強くても全体相場に引きずられる形で多少なりとも低迷することもあるでしょう。

**「大勢《たいせい》順張り、小勢《しょうせい》逆張り」とは、(買いの場合は) トレンドには逆らわないようにしつつ実際に買う (買い増す) のはできるだけ安くなった日に、一部を分割売りするのはできるだけ高くなった日にするという売買法のこと**を指します。

これによって、ピラミッディングするにしても有利な価格で建玉を増やすことができますし、あるいはその過程で上へのオーバーシュートがあったなら多少なりとも利食いをして利益確定するということもできます。要は、順張りと逆張りを時間軸によって上手く使い分けることで、利益を最大化しようとするものなのです。

一口にピラミッディングと言っても、（買いの場合）高い日に買い増しをするのと安い日に買い増しをするのでは、結果としての平均買い単価に大きな差が出ることは直感的に簡単に理解できると思います。

このようにトレンドには素直に従いつつ極めて有利な価格で売買を繰り返していく「大勢順張り、小勢逆張り」は、スイングトレードの基本として是非覚えておいてもらいたいと思います。

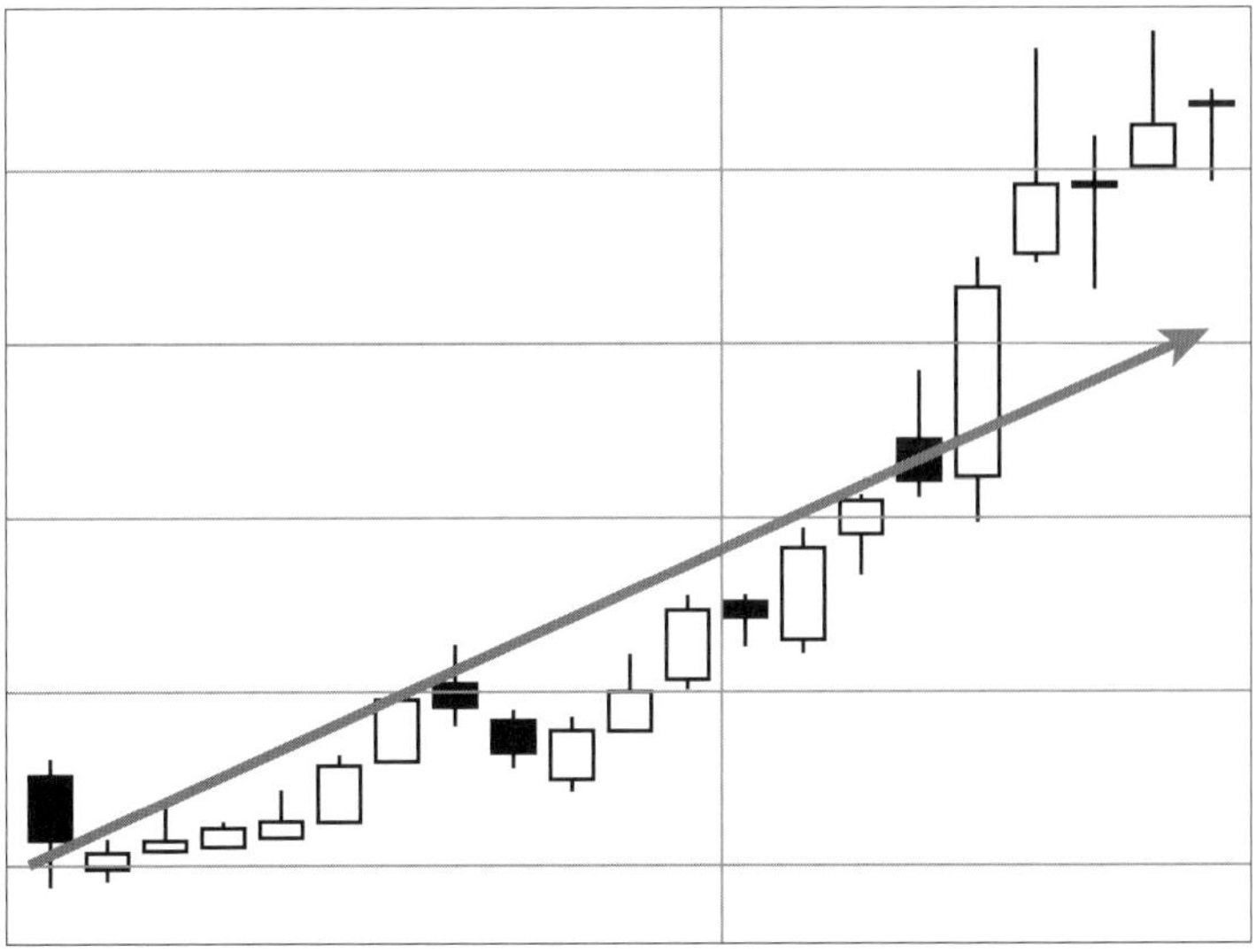

# 第6章

# 株価に翻弄されないために

# 株は不条理の連続

## ❖短期的な株価は「需給」と「地合」によって決まる

株のトレードを始めてある程度経つと、トレーダーは皆「なぜこんなにも理屈通りに株価が動かないのか?」と疑問に思うのが普通でしょう。実際、教科書通りにいかないどころか、理屈にあった動きをすることのほうが珍しいのではと思えるほど不条理極まりないのが相場の実態です。

また「石が浮かんで、木の葉が沈む」という相場格言がありますが、一時的には、誰も買わないような銘柄が非常に高く買い上げられる一方で、常識的に考えて非常に良い銘柄が途轍もない低評価に甘んじるといった事態が発生することも決して珍しくはありません。

勿論、長期的に見れば株価は企業業績との連動性が高く、業績が伸びる企業の株価は他の銘柄群に比べて高いパフォーマンスを示すものですが、短期的にはいくらでも不条理な動きでトレーダーを翻弄します。

その理由は、短期的な株価は「需給」と「地合」によって決まるからです。ファンダメンタルズをしっかり見て認識しておくことは基本中の基本ですが、**短期トレードにおいては需給と地合という二つの要素を無視していては全くお話になりません。**

## ❖謎の売り圧力・買い圧力

さて、二つの要素のうちまず需給ですが、板を見ていて時に異常とも思える売り圧力を感じることは少なくないかと思います。そんな場合、たとえば本業で資金繰りに窮したトレーダーが値に構わず大量の持ち株をすべて処分しようとしているのかもしれません。あるいは、解約する顧客が急増したファンドが、返金のためにファンドに組み入れた銘柄を売らざるを得なくなっているのかもしれません。

勿論、逆のケースもあります。何もかもが暴落するような相場が続いた時、筆者の監視銘柄の中で唯一、相場に完全に逆行して力強く上がっていく銘柄がありました。その動きを非常に不思議に思っていたところ、しばらくしたら某ファンドから大量保有報告が上がってきたのです。買い手不在でどの銘柄も商いが薄い中にあって、そのファンドは同銘柄をチャンスとばかり大量に買い上げており、異彩高を演じるその力強い動きに惹きつけられて同様に買い上げたトレーダーもいたことでしょうから、その間の同銘柄の不思議な強さにも完全に納得がいったものでした。

また筆者の極めて個人的な経験で言えば、監視中の保有銘柄になぜか一日中異常な売り圧力が掛かったのを感じ、同様にその銘柄を大量に保有しているトレーダー仲間に「あの銘柄の今日のしつこい売りは一体何だったんだろうか?」と尋ねると、「実は俺が売っていたんだよ」と告白されたようなことが少なからずありました。

これはその売り手がたまたま筆者の知り合いであり、また彼が正直に話してくれたからこそ分かったことであり、そうでないトレーダーたちにとっては、全くもって謎の売り圧力としか感じられなかったことでしょう。

他人の懐事情など基本的には誰にも分からないことですから、需給要因が作り出す不条理な株価の動きには、誰しもが翻弄されることになるわけです。

### ❖「出尽くし売り」発生のメカニズム

**いわゆる「出尽くし売り」という現象が発生するのも、正に需給の問題**です。たとえばですが、毎週月曜日の夜6時に放送されるテレビ番組があったとして、次週の同番組では某社の大特集という内容になることが予告されたとします。恐らく、翌日火曜日の同社の株価は、先回りを目論むトレーダーたちの買いが集中することによって、大幅なギャップアップになることでしょう。

また、その値動きを見て釣られて買いに来るトレーダーもいるかもしれませんし、あるいは翌週月曜日にテレビで放送されるという事実を後から知ったトレーダーが遅れて買いを入れてくるかもしれません。

このようにして、翌週月曜日まで、同社の株価は比較的堅調に推移したとします。さて、そうして迎えた翌週月曜日の夜6時、勿論株式市場は開いてはいませんが、PTSであれば取引は可能です。実際に夜6時になった瞬間は、実はもうすでに売りたいトレーダーが山ほどいる状況となっているわけです。

実際に番組が始まりトレーダーたちの期待通りの内容であったとしても、番組を見て買いたいと思った向きによる買い圧力よりも、多数の先回り組による売り圧力のほうが遥かに強いという事態となることは高確率で起こり得ることになります。これが「出尽くし売り」を需給面から説明したものになります。

では、もし仮にその番組が大方の期待を裏切るような、つまりその銘柄をあまり魅力的に思わせないような内容であったならどうなるでしょうか？

先回り組の失望売りによって結構な下落になってしまうことは、誰しもが容易に想像できることでしょう。要するに、事前に簡単に想像できるような事実が明らかになったところで、株価は決して素直には反応しないということになります。

## ❖話題株や人気株ほど需給的にキケン

また需給で大いに気をつけなければいけないこととしては、話題株や人気株ほど需給的には危険ということがあります。

今は、多くの有名なトレーダーがツイッターやブログで盛んに銘柄に関する情報を書いて発信しており、それを参考に株を買っている向きは決して少なくありません。決してよいことではないのですが、影響力の強い誰かが株を買ったと書けば大暴騰し、逆に売ったことを匂わせるようなことがあれば大暴落といったことも日常茶飯事となっています。

たとえばある著名トレーダーに10万人のフォロワーがいたとしてそのうちの0.1％の人が刺激されて各自わずかに１００株だけ売買するとしても1万株の買い（売り）圧力となります。それなりに板の厚い銘柄ならともかく、板が極めて薄い銘柄であったりすればどんなことが起こるか、想像に難くないでしょう。

そんなわけで、こういった時代にあっては、逆にそうした**話題株や人気株を避けるほうが、余計なノイズの発生によって右往左往させられることなく安定したトレードができます。**個人的には、影響力の強いトレーダーが保有を公言しているような銘柄は可能な限り避けるようにしていますし、そうでなくてもネットの掲示板などであまりにも活発に書き込みがなされている（イコール多くのトレーダーがすでに保有している）ような銘柄についてもできるだけトレードの対象から外すよう十分に注意しています。

ちなみに、筆者自身はツイッターで極力具体的な銘柄名には言及しないようにしていますが、影響力が強いトレーダーが具体的な銘柄名を公言することについては、必ずしも反対の立場を採っているわけではありません。明らかな売り抜けや嵌め込みなど悪意を持って銘柄を公言するのは論外ですが、そうでない場合は自由だと考えます（ただし、相場に影響が出ないようできる限り配慮するようなデリカシーは必要でしょうが）。

有名トレーダーが銘柄名に言及できないようでは息苦しいばかりか、多くの人々にとって銘柄について知る機会が制限されることになってデメリットが非常に大きいですし、有名トレーダーかそうでないかの線引きというのもどこまでいっても恣意的なものにならざるを得ず、困難極まりないからです。

最終的には、情報の受け取り手の問題であり、そこで時に過剰な反応が生まれてしまうことは、今や避けようがありません。トレーダーとしては、その影響をできる限り受けないよう各自が自己防衛するしかないということになるかと思います。

## ❖ショート（空売り）の場合の需給見極めポイント

ところで、単純に買う場合ばかりでなく、ショート（空売り）の場合においても、需給の見極めは極めて重要になってきます。

第二章では信用買い残の大き過ぎる銘柄の株価が上がりにくいことに言及したわけですが、逆もまた真なりです。

貸借銘柄で信用売り残が（買い残に比して）大き過ぎる銘柄の場合、明らかに業績が悪化しているなど悪材料満載でもなかなか下がらないばかりか、右肩上がりに上がり続けてしまうというのも案外よく見られる光景です。これなどはすでに空売りしている人ばかりであり、彼らは基本的に買い戻すしかない存在であるがゆえに常に大きな買い需要が発生するために起こります。

またたとえば、飲食関連銘柄など非常に株主優待の人気が高い上に優待も年二回以上となっている場合など、大きく業績が悪化しても驚くほど株価は堅調に推移するケースが非常に多く見られます。というのも、こうした銘柄には、優待をもらうことを楽しみにしていて株価の上下など一切気にしないというホルダーがたくさんいるからです。何があろうと売らないホルダーばかりの銘柄では、売り崩そうとしても無駄なだけということになります。

## 常に「地合」を意識する

### ❖トレードの「期待値」は地合次第で大幅に変わる

短期的な株価決定要因として「需給」と並んで重要な「地合」ですが、まず地合とは、ある時点での株式市場全体の雰囲気や強弱感のことを意味します（「全体相場の需給状況」と言い変えることもできるでしょう）。

たとえば極端に地合が悪い時、基本的にはすべての銘柄が悪い影響を受けますし、個別に非常によい材料が出たにもかかわらず地合のせいで上がらない、あるいは下落するといったことも起こり得ます。

要するに、**個別の需給状況だけを見ていても見誤ることがあり、スイングトレードをやる上では常に地合という要素も十分に考慮する必要がある**ということです。

決算発表に対する反応を例に取れば、地合が非常に良い時には、好決算には株価が素直に反応しますし、多少の悪決算は許されてしまう（大して株価が下げない）傾向があります。逆に、地合が非常に悪い時には、好決算でも大して株価が上がらない一方で悪決算が出れば物凄い勢いで株価が下落する傾向があります。

要するに、スイングトレードの「期待値」は地合次第で大幅に変わるし、地合が悪ければ悪いほど買いで勝負するのは割に合わないものになっていくということです。

そのために非常に重要になるのが「地合読み」です。

今はどのような地合なのか？　できる限り正確に全体相場の環境認識をした上で、それに応じた行動を臨機応変に取れるようにすることは、スイングトレーダーにとって必須と言えるでしょう。

## ❖地合の変化に応じて「頭の切り替え」ができているか

トレーダーがやりがちな失敗として挙げられるのは、地合が明確に変わったにもかかわらず「頭の切り替え」ができずに、以前の地合と変わらないようなトレードをしてしまうことです。

それが特に顕著になるのは、好地合なり悪地合がある程度長く続いた後です。

そのような場面では、それまでの地合にすっかり慣れきってしまうことで判断が遅れに遅れ、結果的に深みに嵌ってしまうようなトレーダーが続出という事態を招来することになります。

またその逆に、地合が日替わりのごとく変わり、一体どうしたらよいのか全く分からないような時期もあります。俗に「鯨幕相場」と言われるものが典型的なのですが、陽線と陰線が日々交互に出現するようなどっちつかず状態の相場のことです。

このような難しい地合においては、単純に「今は難しい時期」という環境認識をした上で無理をしないことが重要になります。

簡潔にまとめてしまうと、地合は「良い」、「悪い」、「(判断および対応が）難しい」の三つに分類されます。地合に応じて「頭の切り替え」をしっかりと行い、適切な対処をすることが必要です。

特に買いのみでショートをしないトレーダーであれば、大きなポジションを持つのは好地合の時に限定して、難しい時にはポジションを落とし、悪地合の時には更に慎重にトレードをするといった対応を意識的にしていくべきなのです。

# 株価を劇的に動かすのは「変化率」

## ❖こんなに割安な株なのになぜ上がらないのか？

ここでひとつ昔話をしたいと思います。

30年近くも前のことになりますが、当時駆け出しだった筆者は、正直なところ全く勝てないどうしようもないトレーダーでした。当時の筆者が何をやっていたかというと、今で言うバリュー株、つまり低ＰＢＲ低ＰＥＲの株を買ってひたすらに値上がる日を待つだけでした。当時はすでにバブル崩壊後でしたから、ほとんどの株は上がらない、それどころかひたすら下落していくのが通例でした。

そして何も分かっていなかった筆者は、「こんなに割安な株なのになぜ一向に上がらないのか？」と悩む日々を送っていました。

ところがある日のこと、当時付き合っていた地場の証券会社から、全く知らない別の人の売買伝票が誤って筆者の家に送られてきたという事件が起こりました。金融機関としてあり得ないミスですし、今であれば個人情報という観点からも大問題になったことでしょう（今こうして改めて振り返ってみると、当時は本当に鷹揚な時代だったものです）。

さて、その伝票を見て筆者は、「触ったことがないどころか、よく知らない銘柄ばかりだなあ」と思ったのですが、よくよく見ると、売買の結果としてはどれもがプラス、しかもかなり大きなプラスになっており、売買下手な自分自身と引き比べて大いに驚愕させられたのでした。そして、それらの伝票に書かれている銘柄を四季報でチェックしてみると、実は一つの共通点があることに気がつきました。

その共通点ですが、どれも赤字から黒字へと転換した銘柄ばかりだったのです。勿論ようやく黒字になったぐらいの銘柄なわけですから、ＰＥＲやＰＢＲといった指標的には割高で、自分なら絶対に買わない銘柄ばかりでした。しかしながら、結果としてそれら銘柄はことごとく上がっており、その伝票を本来受け取るべきだった人に大きな収益をもたらしていたのでした。

### ❖「良い会社」よりも「インパクトのある会社」

この時の衝撃から、筆者は**株価を劇的に動かすための最大の要因は「変化率」である**ということを悟りました。もう少し詳細に言うとするなら、「サプライズ感ある変化率」ということになるでしょうか。

確かに考えて見れば、良い会社が更に良くなることよりも、駄目な会社がまともな会社になることのほうがインパクトとしては遥かに大きいものがあるわけです。

テストにたとえるなら、常に90点を取れる優等生が100点を取っても何の驚きもない一方で、普段は0点の劣等生が30点を取ろうものなら、採点している先生としては衝撃を受けるということです。

ともあれ、この時から筆者は、トレードにおいて買うのであれば、**単純に「良い会社」よりも「インパクトのある会社」のほうが往々にして効率が良い**ものであることを深く胸に刻むことになりました。

## 小さな変化を見逃さない

### ❖劇的な変化は、ある日突然起こるわけではない

さて、株価を劇的に動かすのは「変化率」と書きましたが、その変化というものはある日突然に劇的な形で起こるとは限りませんし、むしろそれはレアケースでしょう。

たとえば業績V字回復などは確かに劇的な変化なのですが、それはあくまで結果数値として現れてくるものであって、そうなるためのきっかけ自体は小さな変化であることがほとんどです。

現在筆者が住んでいるのは、都会でもなければかと言って片田舎というわけでもなく、流行に関してはどちらかと言えば全国平均よりはやや先取りしているくらいの街です。

有り難いことに駅周辺には有名外食店チェーンのほとんどが固まって存在しているのですが、トレーダーとしての職業柄、どうしても各店舗の客の入りは気になってしまいます。自分が好きな店は勿論のこと、上場している会社が運営する店にはすべてついつい目が行ってしまうものなのです。

全国平均よりやや先取りというのがいいのでしょうか？

実は、**各店舗を毎日のようにウオッチしていると、意外にも正確に株価の先取りができるケースが非常に多い**のです。すでにホールドしている銘柄の場合は、特に注意して客の入りを見るのですが、明らかに客足が落ちてきているのが感じられると、やがて着実に既存店の月次売上が落ち、続いてそれを受ける形で銘柄としての人気も徐々に剥落していくということはこれまでに何度経験したか分かりません。

一般論としては、外食銘柄の場合は優待があるケースがほとんどであり、その企業が運営する店のファンでもあるような場合は特に、こうした小さな変化は見過ごしてしまいがちで、結果的に逃げ遅れてしまうリスクが高いと言えます。

## ❖「ゆでガエル」現象は、長期になるほど発生しやすい

また、トレーダーが最終的に退場にまで追い込まれる理由として最大のものが、流れに逆らう形でポジションを膨らましてしまい、最終的にどうにもこうにもならなくなってしまうことです。

ボラティリティブレイクアウトという概念がしっかりと頭に入っていれば、明らかなトレンドの変化には初期段階で幾らでも対処のしようがあるわけですが、そうではない場合、下がる

ごとにチャンスと勘違いしていつか来るはずの反騰を夢見つつ、ポジションを増やしてしまいがちです。

そして、有名な「ゆでガエル」のたとえではありませんが、最初はぬるま湯だと思っていた周囲のお湯がいつの間にか熱湯へと変化していて、気づいた頃には一巻の終わりとなってしまうというわけです。

こうした「ゆでガエル」現象ですが、実は時間軸が長期になればなるほど発生しやすいと見ています。保有期間が長期になればなるほど、細かい上下動は気にしないとのスタンスを取ることが多くなるからです。

逆に言えば、デイトレーダー、とりわけスキャルパーのような極めて短い時間軸で勝負するトレーダーにおいては、それこそ一瞬の判断の遅れが命取りになりかねませんから、細かい変化にはより敏感にならざるを得ません。

そんなわけで、デイトレーダーとしてある程度の経験を積んだ者がスイングトレードにも手を伸ばし始めた場合、リスク管理面では非常に長けているがゆえに、「ゆでガエル」現象で退場に追い込まれる可能性はかなり低くなるのではと思っています。

# 失策の「オーバーシュート」を見抜く

## ❖相場巧者は「失策に付け込む」のが上手い

株は時に、行き過ぎた動き（オーバーシュート）をすることがあります。急騰することもあれば、逆に急落することもあるのですが、このようなオーバーシュートが起こった場合、その後に反動が起こり、結局落ち着くべきところに落ち着くことになるのがほとんどです。

実際に株価の動きをしょっちゅう見ている人なら必ず気づくことですが、一瞬信じられないほどの急落をした株がすぐ何事もなかったように元に戻るようなことは頻繁に起こります。恐らくは、下で買いたかった人が急落に気づいて多数買いに入ってくるということが理由で、最近では更にアルゴの動きがそれを助長しているのではないかと考えます。

ともあれ、こうしたオーバーシュートと反動という現象は、急騰したものは急落しやすく、逆に急落したものは急騰しやすいということであって、統計学の用語では「平均への回帰」と呼ばれているものです（一方、緩やかな上昇や緩やかな下落というものは反動が起こりにくく、トレンドが長く続く傾向が顕著です）。

周りの優秀なトレーダーを見ていると、当然ながら「目利き力」が備わっていますから、こうしたオーバーシュートが起こった際には、自分基準での適正価格（本質的価値）より下方乖離したと見れば買いを入れ、逆に上方に乖離したと見れば売っています。つまり、トレンドには逆らわないよう順張りを基本としながらも、トレンドとは関係ないところで時折発生する**オーバーシュートには逆張りで対処**しているということです。

オリバー・ベレス＆グレック・カプラの名著『デイトレード』の中に「トレーディングを成功させる能力とは、バカを探す能力である」という身も蓋もない、しかしながら真実を突いた金言があります。

筆者も全く同感で、**相場巧者とは「失策に付け込む」のが上手い人**だと考えています。ポイントは、失策を失策と見抜ける判断力と、それを待てるだけの忍耐力ということになるでしょうか。

一つ失策の典型的な例を挙げるとすれば、「一過性の利益」のために大幅上方修正した会社があり、会社自体がそれを資料などで説明しているにもかかわらず、情報サイトの「上方修正」という見出しのみに反応し中身を大して確認もしない者たちの買いによってストップ高まで買われるケースがあります。

いずれ反落するのは自明ですから、よく分かっている当該銘柄の既存ホルダーからすればラッキーそのものであり、喜んで一日売ることになるはずです。

このように、相場では多くの人が判断力や忍耐力、あるいは資金管理力の欠如のために勝手に失策を重ねるわけですが、そこに付け込みつつ、逆に自らが失策を犯さないことこそ、厳しい相場の世界で長く生き残る秘訣と言えるでしょう。

## ❖順張りと逆張りという相矛盾する二つの手法をどう使い分けるか

ところで、長期保有前提でポジションを公開している著名トレーダーは少なくありませんが、彼らも基本的にはオーバーシュート局面ではポジションを減らしたり、更には完全にポジションを解消したりします。常に保有銘柄を公表している以上、ポジションの変化があればそれもまた公表せざるを得ないわけですが、そうしたことが発生する度に、彼らの売買を参考にしているトレーダーの多くは動揺して値に構わずポジション解消に動いたりします。

そうした大勢のトレーダーが一斉に売りに走ることにより、当然ながら下方向へのオーバーシュートが発生することになります。目ざとい熟練トレーダーは、そうした一連の動きをしっかりと監視していて、オーバーシュートが収まりそうなタイミングを見計らって新たにその銘柄に参入したりします。

また全体相場ということであれば、しばらく続いた下落局面が終了し下げ止まる時というのは大抵、信用買いしていた向きが追証がかかるなどして下落に耐えられなくなり、いよいよ持ち株をすべて投げさせられることになった場合です。

要するに、最も下手なトレーダーが正に大底で値に構わぬ大バーゲンセールを実施するという「失策」を犯すことになります。逆に熟練トレーダーは、公表されている信用評価損益率などをもとに市場の温度感を冷静に測りつつ、彼らが失策を犯すタイミングを虎視眈々と待ち構え、いざその時が来れば一気呵成に買いに転じて一番おいしいところを掻っ攫っていくことになります。

ここで改めて強調しておきたいのですが、トレンドには決して逆らわず順張りでいくのは大原則ながら、明らかなオーバーシュートによるミスプライスが起こった際には、逆張りで対処するという柔軟性が非常に重要になります。換言すれば、**順張りと逆張りという相矛盾する二つの手法を時と場合に応じて適宜使い分けられる者こそが上手（プロ）**と言われるのがトレードの世界です。

そして、それを可能にする「頭の切り替え」こそが相場巧者に共通する特質ですので、読者の皆さんにはこの「頭の切り替え」という言葉を常に意識しておいていただきたいと思います。

# 先回りは利益の強力な源泉

## ❖IPO銘柄と災害恩恵株

先回りと言えば、四季報でよい内容や数値が出ることを見越して仕込む「四季報先回り」や東証一部昇格でTOPIX買いが入ることを見越して仕込む「昇格先回り」などがよく知られています。また最近の相場で言えば、ある程度の下落相場となった日に、日銀のETF買いが入ってくることを見越し、その買いにぶつけることを目論んで先回り買いをするというのも一般的になっていますす（こうした株価の変動を誘発する材料やきっかけのことをカタリストと呼びます）。しかし、これらの典型的な先回りに限らず、実は、あらゆる面において先回りこそがトレードの鍵だと筆者は考えています。

具体的には、企業の長期的成長を信じて数年後の人気化を目論んで買うのも先回りなら、煽り屋のツイートでどうせ一過性の上昇となると知りつつもできるだけ迅速に買いを入れて後から買ってくる者に売りつけようとするのも先回りです。**スイングトレードに限らず、デイトレードでも長期でも、結局のところ、先回りできた者が勝つ定め**になっていると言えるでしょう。

さて、先にオーバーシュートについて書きましたが、ここで二つほどオーバーシュートの典型例を具体的に挙げることにしましょう。

一つは、ＩＰＯ（新規公開株）です。ＩＰＯで初値を付けてから更に堅調に上昇していくという銘柄がないわけでは決してありませんが、極めて少ないことはご存知でしょう。人気のＩＰＯは誰でも入手できるものではなく、各証券会社の大口客や優良客、あるいは運良く銘柄によっては数万倍にもなる抽選に当たった人の手にしか渡りません。したがって、新規公開される日には需要に対する圧倒的な供給不足が自ずと発生して、行き過ぎた株価を付けるのが通例です。

またもう一つは、大災害などで恩恵を受ける銘柄です。日本では近年特に、百年に一度とも言われるような大きな災害が毎年のように起こったりしていますが、ある地域で大きな災害が発生すれば、その地域の建設関連株などにおいては、ほぼ確実にオーバーシュートが発生します。要するに、ＩＰＯを公募価格で入手できた者も、災害恩恵株を買っていた者も、利益を出せたのは正に先回りができていたからこそということになるわけです。

大方のＩＰＯも災害恩恵株も、当初はオーバーシュートにより大きく値上がりするものの、やがて時間の経過とともに下落していきます。しかし、当初の人気が一段落した後にその企業の実力が正当に評価されて上昇トレンドを描くようなＩＰＯ銘柄はあるわけで、そうした銘柄を再人気化する前に仕込むのは先回りと言えます。

また、災害恩恵株について言えば、大災害が発生してから1〜2年後に実際に業績に反映されてくることが多くなります。したがって、将来の業績アップを見越して皆が忘れた頃、すなわち株価が下落しきったタイミングで仕込むのも、やはり先回りとなるわけです。

数多の相場格言の中でも筆者が個人的に非常に好きなものに、「麦わら帽子は冬に買え」がありますが、これは正に先回り買いの真髄を表現したものであると思います。

## ❖ボラティリティブレイクアウトは先回りにも有効

さて、これまで紹介してきたのは明確な理由があっての先回りと言えますが、そうでないケースの先回りも実はあります。

理由など特にないのに上昇トレンドを描き始めた銘柄に後から理由がくっついてくるようなことはしばしばありますが、恐らくはその銘柄のポテンシャルにいち早く気づいた人々が買いを入れているのでしょう。

カンの良い方はもうピンと来ているかもしれませんが、そうした銘柄では、上方向へのボラティリティブレイクアウトが起こっているはずです。よく分からないが底流では何かが確実に起こっているらしいということなのですが、そうした銘柄は上昇理由はともかくとして、需給状況が悪くないことは間違いないでしょう。

このように、理由が明確ではなくても（他の人々が気づく前にいち早く）先回りをするということも一法なのです。そして、このような先回りは正に「上がり始めたら買え」との金言通りであって、必ずしも一番手となって買い始める必要などないということになります。

結局のところ、トレーダーにとっての利益の源泉となるものは大まかに言って次の三つに集約されるものと筆者は考えます（完璧に分類されるものではなく、ある程度はそれぞれに重なり合う部分もありますが）。

①トレンドフォロー
②オーバーシュート
③先回り

「もうはまだなり、まだはもうなり」という相場格言に端的なように、相場においては全く矛盾するものがともに真理とされるこ

| | トレンドフォロー | オーバーシュート | 先回り |
|---|---|---|---|
| 対処法 | 順張り | 逆張り | 他者より早く |
| 持続期間 | 比較的長期 | 瞬間的 | 期間限定 |
| 必要とされる能力 | 利を伸ばす「握力」 | 目利き力 | カタリスト察知能力 |

とがよくあります。たとえば順張りか逆張りかという論争はしばしば起きたりしますが、どちらも場面によっては通用したりしなかったりするわけなので、どちらがよくてどちらが悪いというものでは決してありません。自身の手法やスキルを臨機応変に使い分け利益の最大化に努めるべきなのです（前ページの表参照）。

# 雑草は抜いて花の種を蒔こう

## ❖含み損銘柄をどう扱うか

株式ポートフォリオ管理の王道として、ウィリアム・J・オニールはその著書『オニールの相場師養成講座』の中で、雑草を抜いて花を植えるよう提言しています。なお、オニールが定義する雑草とは「買値よりも下がっている株」であり、花とは「買値よりも上がっている株」のことを指します。

これは確かに一理あるポートフォリオ管理法であって、含み益が出ている銘柄のみを残すのは精神衛生上も非常によいですし、含み損銘柄を放置していたずらに損失を拡大してしまうような愚に陥るリスクを避けることにもつながります。

ただし、それとは裏腹のデメリットとして、含み損銘柄を極端に嫌うことによって、これから反騰していく可能性のある銘柄を素早く損切りした後の上昇を、ただ指を咥えて見守ることになってしまうというリスクを孕むものでもあることには注意が必要でしょう（筆者自身は、含み損イコール損切りの対象ということではなく、今後含み益となっていく可能性が極めて高いと考えられる場合には多少の含み損は許容すべきであると考えます。無論、それが考え違いであることが後ほど明確になった際には躊躇なく損切りすることが前提ですが）。

そこで筆者が個人的にオニールの言葉をアレンジしたものが、**「雑草は抜いて花の種を蒔こう」**というものになります。オニールの原案との違いは「花」ではなく「花の種」としたことであるのは一目瞭然かと思いますが、なぜ「花」という表現をあえて避けたのかと言えば、そこには今は咲き誇っていて美しいが近く萎れて枯れてしまうかもしれないというニュアンスがあるからです。

翻って「花の種」であれば、もし現時点では市場の評価がそれほど高くないとしても今後きれいな花を咲かせれば大きく化けることになる、換言すれば伸びしろが非常に大きいというイメージがあるため、花を植えるのではなく、花の種を蒔くほうがよりよいと感じています。

いずれにしても、今後上がる望みが薄い銘柄はさっさと損切りして、今後上がる可能性が高い銘柄のみでポートフォリオを組むべきであるとのオニールの基本的な考え方には心から賛同します。また読者の皆さんにも是非、トレードにおけるポートフォリオ管理の王道として常に頭の中に入れておいていただきたいと思っています。

# 第7章

# 最強は「非人間的」なトレーダー

## 本能と感情をコントロールできないトレーダーは捕食される

「強気なのに買っていないのは、非論理的だ」（エド・スィコータ）

### ❖大暴落に見舞われた初心者投資家はどんな行動を取るか

「勝っても負けても、皆自分の欲しいものを相場から手に入れる」をはじめとして、哲学的とも言えるその数々の名言で名著『マーケットの魔術師』の中でも一際異彩を放ったトレーダー、エド・スィコータ。そんな彼の言葉の中でも、筆者が一番好きなのがこれです。

筆者は、その逆もまた真ということで、**「弱気なのに売って（ヘッジして）いないのは、非論理的だ」**と思っています。

人は本当に弱いものです。たとえば、なけなしの全資産を突っ込んで株を買った初心者（トレーダーではなく）投資家がいたとして、不幸にも株を始めてすぐ数年間続くような大暴落相場に見舞われてしまった場合、一般的にどのような行動を取るものでしょうか？

仮に頭ではハッキリと「これからしばらく酷い相場になりそうだ」と分かっていたとしても、

「確率は非常に低いかもしれないが、何かよいことが起こって救われるかもしれない。それを期待して今は我慢するしかない」などと適当に理由をつけて、損切りしない自分自身を正当化することに努めるケースがほとんどでしょう。そして、「弱気なのに売っていない」がために、暴落をまともに喰らい、長年に渡って塩漬けするのみで、延々と大切な資産を減らし続けるのがオチです。

## ❖すべての市場参加者から成る生態ピラミッド

トレーダーの場合も同様です。最初からトレードが上手くいったなどという人は寡聞にして知りません。読者の皆さんも、ご自身の経験を振り返れば、そのことはきっと心から理解できることでしょう。

経験もスキルも何もないトレードの未経験者や初心者もまた、論理ではなく、本能や感情に衝き動かされてトレードしてしまいます。

株を買った場合は、株価が少し上がれば大喜びで利益確定する一方で、株価が下がって明らかにまだ下だと思っていても、損をしたくないという本能や感情に支配されて、なかなか損切りという論理的な行動を取ることができません。

結果、株価が下がりきってどうしようもなくなったあたりで恐怖によって投げ売りし、大損するということになりがちです。

逆に株を持っていない場合は、株価が上がれば上がるほど危険だという論理ではなくまだまだ上がるはずとの強欲によって、とんでもない高値掴みをしてしまいがちということにもなります。

すべての市場参加者から成る生態ピラミッドがあるとしたら、その最下層を構成するのが、こうした本能や感情に衝き動かされて売買する人たちなのです。そして彼らは、感情を殺して冷静な判断を下せる人たちにきれいに捕食されてしまうということになるのです。

別の言い方をすると、確実に本能と感情のコントロールがしっかりできるようになってはじめて、株式市場で勝つための最低限の素地が出来ることになるとも言えるでしょう。

## 確実に負ける心理状態

### ❖手が震えるようなトレードになっていないか

危険な銘柄を触っている（またはロットが大き過ぎる）場合、必然的に「マウスを持つ手が震えるようなトレード」になってしまいます。

このように最初から心理的に追い込まれている状態では、理性による冷静な判断などできるはずもなく、本能と感情の赴くままにトレードすることになってしまいます。最初からビクビクしているため、仮に相場が順行したとしてもすぐに逃げたいという思いから利益を伸ばすことなどできません。

反対に逆行した場合はどうでしょうか？　何とか戻ってほしい、トントンで逃げたいとの思いから、「お祈りモード」に入ってしまう可能性も大です。そうなるとしかるべきタイミングで損切りできず、結果的に思いもしなかった大きな損失でトレードを終えることになる可能性大でしょう。

逆に言えば、激しく変動するがゆえに大きく感情を揺さぶられてしまい、とても平静を保てないような銘柄は、必ず避けるようにしなければいけません。

また、ロットが自身の許容範囲を超えないようにする必要もあります。要するに、自身の感情の許容範囲の動きをする銘柄に絞った上で、更に上に行っても下に行ってもどちらでもよいくらいの構えでいられる程度のポジションに留めておくことが、場を見ながらトレードする場合、結果的に最も勝ちにつながりやすいということになります。

あと一点気をつけるべきこととしては、持ち越しをするポジションのサイズですが、それが心理的に負担になって負けやすくなっているかどうかを簡単に判別する方法があります。それはズバリ、「夜ぐっすり眠れるか?」という問いに対して確信を持ってイエスと答えられるかどうかです。

今抱えているポジションが気になって気になって、ついつい夜間の先物やニューヨークダウの動向を見にいかずにはいられず安心して眠ることができないということであれば、それは確実にリスクを取りすぎているというサインです。安心してぐっすりと眠れるようになるまでポジションを落とす必要があるでしょう。

# 「愛」はトレーダーを救わない

### ❖ポジショントークと確証バイアス

ポジショントークという言葉があります。自分自身のポジション（立場や立ち位置）からして、そう言わざるを得ない発言を指しているものですが、相場の世界でも、自分自身の（保有する）ポジションで利益を得たいという気持ちからする発言という意味で、かなり頻繁に使われている用語になります。

ある銘柄を大量に保有しているトレーダーは、当然ながら、他のトレーダーに向かってはその銘柄をけなすことなどあり得ず、基本的にはその銘柄のよさばかりを吹聴することになるはずですが、これが正にポジショントークというものになるわけです。

さて、認知心理学および社会心理学の用語に「確証バイアス」というものがあります。これは、ある仮説や自らの信念を検証する際、それら仮説や信念を正当化する情報ばかりを集めにいって、それらに反する情報を無視または集めようとしない傾向のことを指すのですが、トレードにおいても全く見事に当てはまるものですので、覚えておいて損のない用語と言えます。

ポジショントークが他者に向かってなされるのとは対照的に、確証バイアスは内向き、すなわち自分自身の考えを正当化し自分自身を納得させるために用いられるものということになります（勿論、確証バイアスに冒されたトレーダーが、他のトレーダーに対してポジショントークをするということはあり得ます）。

そんな確証バイアスですが、決して初心者だけに当てはまるものではなく、結構な数のベテラントレーダーが正にその罠に嵌まり、場合によっては壊滅的な結果を招来したケースを多く目の当たりにしてきました。

## ❖確証バイアスの罠

一体どうしてこんなことが起こるのかですが、恋愛にたとえるとわかりやすいかもしれません。よく「恋は盲目」と言われたりしますが、人はひと度誰かに心底惚れてしまうと、その人の良いところしか目に入らないようになってしまい、理性的な第三者がどのような助言や忠告を与えようとも離れられなくなってしまうということがあります。

トレードの場合も全く同じで、それなりのベテランであっても、**ある銘柄に心底惚れ込んでしまうと、悪い情報には一切目がいかないようになってしまう**ようです。そして、その銘柄への入れ込み方が強い（たとえば資産総額に対する保有比率が非常に高い）ほど、また過去に大勝するなどその銘柄にまつわる成功体験が強いほど、確証バイアスの罠に陥りやすくなるようです。

実際、こうしたトレーダーの誤った行動を戒める言葉として、巷には「銘柄に惚れるな」という非常に直接的な格言が存在しているくらいです。

いつの時代にあっても、業績が非常に好調だったり時流にピッタリと嵌っていたりするために多くのトレーダーの人気を一身に集めるスター株と言うべき銘柄が存在します。しかし、永遠に右肩上がりの企業や永遠に時流に乗ることができる企業などあるはずもなく、どんなスター株であっても、どこかのポイントで必ず変調をきたすことになります。

そこでスパッと「頭の切り替え」ができればよいのですが、そんなトレーダーは極めて少数派で、多くのトレーダーは確証バイアスの罠に嵌まってその後の下落をまともに喰らってしまいます。更に悪いケースとしては、下がるたびに買い増しまでして傷口をどんどん拡げていってしまうものなのです。

「下がり始めたら売れ」を見事には実践できないまでも、やはりできるだけ早い段階で過剰な銘柄惚れからは脱し、確証バイアスの罠に陥らないようにする必要があります。**過剰な「愛」はトレーダーを救うどころか、往々にして破滅へと導いていってしまう**ものなのです。

## 「仮想ショート」でレベルアップを図る

### ❖手数料無料化で躊躇なく損切りできる時代に

現在、トレーダーにとっては幸いなことに、証券会社において手数料無料化の流れが進んでいます。以前から信用手数料を無料にする証券会社は多少なりともありましたが、昨今では現物取引すら無料化が進んでおり、仮にすべて無料にはならないまでも、将来的にはトレーダーにとって手数料はほとんど気にする必要のない世界が到来しそうです。

そして実は、このことはよい意味での結構なインパクトを与えることになるでしょう。というのも、従来株式市場では、手数料が大きいがゆえに「頻繁に売買するのはよくない」という風潮が少なからずあったからです。

実際以前は、これから下げ続けることがほぼ確実と思えたとしても「手数料が勿体ないからここは損切りを我慢してホールドし続けることにしよう」との言い訳も可能でした。しかし、今後それは言い訳になり得なくなってしまいますし、どうせ手数料は無視できるほどなのだから下げきったところで買い戻せばよいという割り切りができるトレーダーは、これからどんどん増えていくものと見ています。

手数料無料化時代になると、「仮想ショート」も可能になります。「仮想ショート」は筆者の造語なのですが、非貸借銘柄であっても保有している銘柄の実質的なショート（空売り）が可能であるというものです。

短期トレーダーであってもたとえば優待に魅力を感じるなどの理由でどうしても長期でホールドしたいという銘柄もあったりするわけですが、日々株価の動きを見ているとここからはほぼ確実に下がっていくと確信できる局面に遭遇することは少なからずあります。

そんな時は、下げたところで買い戻すことを前提に、含み損が実現損になろうとお構いなしに思い切って売ってしまうのです。後ほど目論見通り下がった時に買い戻せば、空売りで利益を出したのと全く同じ結果となります。もし悪い予感が外れて上に行く場合ではどうしても欲しければ売値より高いところで買い直す必要はありますが、もともと非常に高確率で下へ行くと確信した上での行動であったなら、保険料として割り切るべきかと思います。

いずれにしても、このように勿体ないといった感情を排して躊躇なく損切りするような行動を積み重ねていくことで、次第によい意味で「非人間的」なトレードが自然に身についていくものです。そして、大きな流れには決して逆らわないということが当たり前のものになった暁には、トレーダーとして一段上のレベルに達することができるでしょう。

# 利を伸ばす上での最大の敵

### ❖アンカリング効果

「損小利大」こそがトレードの秘訣であることは言うまでもありませんが、早めの損切りを徹底することは、中級者以上のトレーダーは案外上手にできているものです。別の言い方をすると、早めの損切りが全くできないようであれば、中級以上に上達することなく厳しい相場の世界で生き残っていくことができなくなってしまいます。つまり、トレードにおける最低条件が「損小」ということになるわけです。

一方、「利大」については、大変難しいものであると結論づけざるを得ないものになります。そして、その最大の理由だと考えられるのは、**「買値によるアンカリング効果」**です。

アンカリング効果とは、最初もしくは同時に提示された数値などの情報が印象に強く残ってしまい、その後の意思決定や判断に影響を及ぼす傾向のことを指す心理学の用語なのですが、個人的な経験も含め、これは間違いなくトレーダーの意思決定に大きな影響を与えます。

具体的な例として、1000円で買った銘柄があったとして、これが二割上がって1200

円になれば非常に嬉しいし、利益確定したくなるというのが人情でしょう。更に言えば、買ってからそこに至るまでの期間が長くなればなるほど、その傾向は強くなります。その心情を解説するならば、「長く待った甲斐があった。ようやくその時がきた」といったところでしょうか。

ところが、その利益確定後に往々にして起こるのが、正にそこからが上げ本番となり、1500円、更には2000円と株価が上昇するのを指を咥えて見守り続けるのを余儀なくされるということです。また、そこで終わればまだいいのですが、2000円という高値を見てついに我慢できなくなりそこで買ってしまう、更にはそこが最高値で後はただひたすらに下げていくのみ、などという悲劇が起こることも決して珍しくはありません。

実際、買値から何パーセントというところで利益確定することをルール化していくトレーダーは結構存在するように思われます。恐らくは何度もそうやって設定した利益確定ポイントを超えて上昇していく実例を見せつけられることによって、やがてはそうしたルールを撤廃する方向に進んでいくのでしょうが、大変勿体ないことだと思います。

そもそもマーケットは、各トレーダーの買値など考慮するはずがありません。そんなものには全く関係なく、上がる株は上がり、下がる株は下がるだけです。換言すれば、その買値にこだわりを持っているのは世界でそのトレーダー一人だけなのです。そうした自己都合によって中途半端に利益確定することで大きな機会損失をすることだけは避けるべきでしょう。

# トレードにおいてはマシーンに徹すべし

## ❖本能と感情がトレーダーの成長を妨げる

長い間トレードをやっていると色々と褒められることがあります。個人的にこれまで最も嬉しかった褒め言葉を一つだけ挙げるとするなら、ある時トレーダー仲間の一人から言われた「荻窪さんのトレードはまるでマシーンのようですね」というものになります。

普通、「感情を持たない機械のようだ」と言われたらどうでしょうか？

世間一般的には、心の冷たい人間、人の気持ちが分からない人間という解釈になって当然であり、言われた側は怒り出したとしても仕方ないことでしょう。しかしながら、ことトレードに関する限り、世間の常識は非常識という面が強くあります。そして実際、筆者の成長を最も妨げたものは、筆者自身の本能であり感情でした。

負け続けた初期の頃は、負けるたびに感情が大きく揺さぶられ、「なんとか損を取り戻そう」と思ったものですし、あるいは怒りに任せてめちゃくちゃなトレードをしてしまうといったことも度々ありました。言うまでもなく、このように感情の赴くまま、特に怒りに任せてのトレードを行ったような場合はことごとく負け、それも一歩間違えば再起不能という事態に陥りかねないような大敗北につながりました。

そのような時代を経験しているものですから、「まるでマシーンのようですね」というのは、本能や感情に惑わされることなく、やるべきことを淡々と積み重ねることができるようになったことを意味するものと捉えることができ、筆者としては、それこそ飛び上がってしまいたくなるほど嬉しい褒め言葉だったというわけです。

実際のところ、本能や感情の赴くままにトレードして儲けられるのであれば素晴らしいのですが、ある程度トレードの経験がある人ならば皆よく分かっている通り、初心者のうちはどうしても本能や感情でトレードをしてしまうものであり、その結果として酷く大きな負けを経験してしまうものです。

そんな人たちに是非贈りたい言葉があります。

「株価ボードの点滅を眺めつつ、トレーダー達の心理の逆を読み、恐怖の中で買い、熱狂の中で売り、ココロを殺して損切りを決行し、パーティー会場の宴からは、一人背を向ける勇気を持ち続ける」

これは、ネットでの株取引が盛んになった最初期にネット上で活躍した大学教授兼伝説のトレーダー「ぽんぽこ」さんの名言なのですが、**本能や感情を制御することこそがトレードの成功の秘訣**であることをこれ以上的確に表した表現を筆者は見たことがありません。その言わんとすることは正に、「トレードにおいてはマシーンに徹するべきだ」というものになるかと思います。

実生活においては、歳とともに涙もろくなっていくのを自覚しているような筆者ですが、トレードにおいては、「今後ともずっとマシーンであり続けたい」と心から願っています。

# 第8章

# 予測不能な相場で生き残るために

# 相場の行方はどれだけ経験を積んでも分からない

## ❖重要なのは予想が当たるかではなく、事後のアクション

よく初心者の方から「これから相場はどうなりますか?」と聞かれることがあります。筆者は相場を始めてから30年以上にもなりますが、正直なところ、全く分かりません。

したがってその質問に対しては素直に「全く分かりません」と答えるのですが、出し惜しみしているのではないかとか、あるいはウソをついているのではないかと訝られることもしばしばです。

しかし、分からないものは分からないとしか言えませんし、たとえばもし今日の段階で明日の日経平均が確実に500円以上上げるということが予知できたなら、全力で日経平均先物を買うことで、一日で大金持ちになってしまうことでしょう。

それほどまでに予想することが不可能なのが相場ですから、「予想はよそう」とか「予想はウソよ」などと冗談交じりに言われることもあります。

ただ、さすがにそれは言い過ぎかと思います。なぜなら、基本的には誰しもいずれ上がると

予想するからこそ買うのだし、逆にいずれ下がると予想するからこそ売るからです。全く予想することなしには何ら売買行動は取れなくなってしまうはずで、何も考えることなく適当に大切なお金をベットすることなど駄目に決まっています。

要は、相場がどうなるかは誰にも分からないけれども、多少なりとも可能性が高そうなほうにベットしようというのがトレーダーの基本姿勢であって、実際のところ、重要なのは予想が当たるかどうかではありません。

それよりも、その当てにならない予想が当たった時にどうするか？ 逆に外れた時にどうするか？ といった事後のアクションこそが肝要であって、それ次第で結果としてのパフォーマンスはどうにでもなってしまうというわけです。

## 分からないからこその「分割売買」

### ❖まずは最も簡単な二分割からでOK

第五章では、「大勢順張り、小勢逆張り」というトレンドに乗りつつできるだけ有利に売買していく方法をお伝えしたわけですが、トレーダーが基本的にこのような小刻みな売買をするべき理由は、結局のところ株価の行方がどうなるかわからないという不可知論に基づいています。

勿論、たとえば買いポジションを持っているということは今後株価が上昇することを期待しているからこそでしょう。ただし、そうだとしても、一体どこまで上がるかは誰にも分かるはずがありません。であるとすれば、もし思惑通りに株価が上昇した場合、たとえば保有株数の3分の1だけは売って利益確定しておくといった分割売買を心がけることは極めて賢いトレード法であると言えます。

最初に買う場合においても全く同じことが言えます。できるだけ安くたくさん仕込みたいと思ってはいても、慌てていきなり全部買うのではなく、まずは予定の3分の1だけ買ってみる。その後は様子を見ながら、なるべく安い日に更に3分の1、といった具合に徐々に増やしていったほうが、結果としては往々にして安く仕込めることになります。もっとも時には、最初の3分の1を買ったらその後はどんどん値上がりしてしまい悔しい思いをすることがあるかもしれませんが、その場合には、可能な限り安い日に追加で買いつつ、ピラミッディングしていくということになります。

別の言い方をするなら、もしも株価の天井や底がある程度ボンヤリとでもイメージ出来たとするならば、底と思われるところで一括で買い、天井と思われるところで一括で売ればよく、何も面倒な分割売買などする必要は一切ありません。しかし、何も知らない初心者であればいざ知らず、トレーダーもある程度の経験を積んでくると、株価がどうなるかは本当に予想不能なものだということが身に沁みて分かってきます。そして、その**分からないものへの対処法として、分割売買に目覚め、それを積極的に採り入れるようになっていく**ものなのです。

分割売買という概念自体知らなかったというトレーダーであれば、まずは最も簡単な二分割から始めてもよいと思います。徐々に慣れるに従って三分割にするなど、より複雑な形態の分割売買に進めばよいだけですので。

いずれにしても、ギャンブルの要素が強くなる一発必中の単発売買よりは、分割売買のほうが遥かにメリットが大きいことは、実際にやってみれば分かるものであり、それを使いこなすことでトレーダーとしてのスキルが格段に上昇することは請け合いです。

## 利益を伸ばす究極の手法

### ❖一部を「物理的に」売れないようにしてしまう

仮にある銘柄を株価1000円で1000株購入したとします。それが当初想定した以上の急騰を見せて極々短期間に2000円まで上昇した上に、まだ下方へのボラティリティブレイクアウトなど起こる気配すら見せていないとしましょう。ただし、明確な上昇トレンドの中でジリジリと上がり続けてきた場合とは違って、やはり急騰すれば急落する可能性も十分にあります。そこで、トレーダーとしてはどうするべきか？

勿論、そこには正解などありませんし、百人のトレーダーがいれば百様の考え方があるでしょう。

したがって、これはあくまで一つの考え方になるのですが、1000株のうち800株は分割売買で利益確定をした上で、残り200株については後悔しないために（少なくとも当面は）何があっても売らないという売買方針を採ることにします（利益確定した800株については株価が倍化していますので、仮に残り200株の株価がゼロになったところでトータルとしては十分過ぎる利益という結果になるという算段です）。

その上で、何があっても売らないという200株については、上であれ下であれ、そこからの値動きに心を動かされないようにするために「物理的に」売れないようにしてしまう方法があります。

それは、株式移管、すなわち別の証券会社へと株式を移動させてしまうというものです（実際にやってみると分かりますが、2020年現在、ネット証券でも楽天証券以外であればまずは証券会社から移管手続きのための用紙を取り寄せる必要があるなど、かなり手間と時間の掛かる作業です）。

実を言えば、筆者自身それをやった経験はないものの、株式移管中にも株を売買することはできてしまうようです（その際は勿論、株式移管は不成立になります）。しかし、あえて株式移管するだけの手間を掛けたことでの縛りも出来ますし、個人的にはそれによってすぐにでも売って利益確定してしまいたい気持ちを抑えられた経験を何度もしています。

ボラティリティブレイクアウトが発生したらポジションは切るという原則には反するものではありますが、少枚数ではあってもテンバガーになるまで何があってもホールドし続けたいといった欲求を満たす上では、ひとつの有力な方策になるはずです。

## 最も重要なのは「頭の切り替え」

### ❖「頭の切り替え」ができないがゆえに起こる失敗事例

この本の中で筆者は、「頭の切り替え」という言葉を繰り返し意識的に使ってきました。筆者は**トレーダーの最大の成長阻害要因は「頭の切り替え」ができないこと**だと思っており、逆に言えば、それが自在にできるようになってはじめてトレーダーとして一人前になれるものと確信しています。

「頭の切り替え」が必要になる一番分かりやすい例は、トレンド転換の発生です。それまで順行していたポジションが逆行し始めることは、サッカーにたとえればボールを奪われて相手チームの猛攻が始まったようなものです。そうなった以上さっさと守備にまわるべきなのに相変わらず攻めることしか考えないようでは、損失を拡大させる一方となることでしょう。

更に言えば、相場つきが一変し、極端な言い方をするなら、これまでサッカーだとばかり思っていたものが急に野球に変わってしまうようなことすら起こり得るのが株式市場です。明らかにゲームのルールが変わってしまっても過去のルールを前提にトレードしているようでは、決して勝てるはずがありません。

「頭の切り替え」ができないがゆえに起こる具体的な失敗事例は、山ほど挙げることができます。たとえば、レンジ相場をブレイクしたらもうついていけなくなってしまうということ。仮に900円から1000円の間でずっとレンジ相場を演じていた銘柄があるとすると、トレーダーは900円近くで買い、1000円近くで売るということを繰り返すはずです。

実際、レンジ相場では逆張りが一番効率よく儲けられるものであって、それはレンジ相場が続く限りにおいては全く正しいことではあるのですが、その銘柄に一旦ボラティリティブレイクアウトが発生し、1000円を超えてぐんぐん上昇していったならば、レンジ相場はトレンド相場へと一変してしまいます。

そうなった際、迅速に「頭の切り替え」をすることができなければ、その上昇トレンドで儲けることは不可能になってしまいます。それどころか、1000円を超えるのは有り得ないと憤慨し、そのトレーダーは株価が上がるごとに空売りを入れ、どんどん損失を拡大させていってしまうという悲劇すら生まれる可能性があります。

## ❖成功体験をゼロどころか、マイナスに変えてしまうことも

全く別の事例としては、前の決算発表シーズンにおいては、地合の良さも手伝って好決算発

表をした銘柄が非常に素直に上昇することがほとんどであったとしましょう。そこで儲けたトレーダーは、次回も同様のトレードをしようと目論むのが普通でしょう。

しかし、実際にやってきた次の決算発表シーズンにおいては、前回成功体験を積んだトレーダーがこぞって先回り買いをするかもしれません（となれば当然、決算発表後は「売りたいトレーダー」だらけになってしまいます）。更にそこに地合の悪化が重なってしまったらどうでしょうか？

「頭の切り替え」ができないトレーダーは「なぜ好決算を発表した銘柄が下がるのか！」と、思い通りにならない相場をなじりつつ、損に損を重ねていってしまうということが十分起こり得るでしょう。こんなところにこそ、トレードの難しさが集約されていると筆者は考えます。

芸事や学問やスポーツ等々、トレード以外のほとんどの分野においては、一度身につけた経験やスキルはその人を裏切ることがありません。裏を返せば、素人が専門家やプロに勝つ余地など全くありません。

しかしトレードにおいては、「頭の切り替え」ができないだけで、それまでの成功体験をゼロに、それどころかマイナスに変えてしまうようなことすらあり得るのです。

「頭の切り替え」が自在になりさえすれば、その人にとってのトレードは変わります。さすがに「簡単に」などとは言えませんが、トレードが一気に「楽に」はなるものなのです。

少なくとも、自分の考えや思い込みのせいで、大きな流れに逆らって無限に損失を増やし続けるなどということは必ずや避けられることでしょう。

トレードに迷った時、あるいは挫折しそうになった時は、「頭の切り替え」がちゃんとできているのかどうか、必ず自問自答してみましょう。

## 臨機応変こそが生き残りの鍵

「最も強い者が生き残るのではなく、最も賢い者が生き延びるのでもない。唯一生き残ることができるのは、変化できる者である」（チャールズ・ダーウィン）

「吾自ら機に臨みて変を制す。多言する勿れ」（蕭明）

### ❖どんなに優秀でも生き残り続ける保証のない世界

蕭明《しょうめい》は、中国南北朝時代の梁の王族として活躍した武将です。ある戦において蕭明が軍隊を率いて敵包囲した際、じっとして何の動きも示そうとしない彼に対し、色々と提言をしようとする部下たちに向かって言い放ったのがこの言葉で、現代語訳すれば、「私は自分で機（事態）に臨み、その変化に応じて相手を制する。余計なことは言うな」となります。

そこから、「臨」「機」「制」「変」という四文字が抜粋され、のち「制」が「応」に転じて「臨機応変」となったものと言われています。

日本人なら誰でも知っている故事成語ではありますが、筆者は、決して相場に限った話ではなくあらゆる分野における生き残りのためのキーワードとして、「臨機応変」ほど簡潔かつ的確なものはないものと思っています。

相場に正解はありません。なぜなら相場は、日ごとに、もっと言えば瞬間瞬間で形を変え、決して留まることがないものだからです。であればこそ、相場には聖杯と呼ばれるような必勝法がないのは勿論のこと、さっきまで通用した手法が突然通用しなくなってしまったり、またその逆ということも平気で起こるのが実態なのです。

また、十年間勝ち続けてきたトレーダーが今日突然勝てなくなってしまうことも当然起き得るわけで、激しい変化にしっかりと対応し自らも変化していくことを当たり前のこととして受け入れることがない限りは、どんなに優秀な者であっても生き残り続ける保証のない世界と言えるのです。

## ❖生き残りのための〝荻窪流5則〟

では、生き残りのために筆者はどのようなトレードの指針を持って、このように変転極まりない株式相場に対峙しているのか？　荻窪流トレード法などと言えば大げさになりますが、この本の最後を締め括るにあたり、これまで繰り返し強調してきた重要ポイントを五項目にまとめてみたいと思います。

①どんなに銘柄分析能力が高く銘柄選択に長けていたとしても、売買上手でなければ決してトレードで利益を上げることはできない。「何を（銘柄選択）」は重要ではあるが、それより遥かに重要であって**最終的にパフォーマンスの良し悪しを決定づけるのは、「いつ」「どれくらい」「買う（売る）」**かである。

②**常に柔軟に「頭の切り替え」ができるようにする。**現在のポジションが正しいのか、もしそうでないならばどうすべきか、決して思考停止などすることなく常に自分自身に問い続けなければならない。たとえばスイングトレード前提に取ったポジションをデイトレードとして完結させるのも構わないし、朝令暮改どころか一瞬で相場に対する判断を逆転させることは、トレーダーの行動として何ら問題がない。

③相場に聖杯は存在しないし、時代を超えて通用し続けるような正しいトレード法といったものも存在しない。同じ相場は二度とやってくることがない。前回通用したものが今回も通用するという前提そのものを疑うべきであり、**相場つきが変われば臨機応変にトレードの仕方を変えるべき**である。ただし、需給状況については、常に最大限の注意を払うこと。

④**トレンドには決して逆らってはいけない**（ボラティリティブレイクアウトが発生したらトレンド転換と判断）。上がり始めたら買い、下がり始めたら売る。トレンドに逆行していると気づいたらポジションは落とす。

⑤ボラティリティが低い時は、スイングトレードに投入する資金を大きくしてもよく、その際の建玉法は「大勢順張り、小勢逆張り」とピラミッディングを基本とする。**ボラティリティが高くなるほどリスクは高まるため、ポジションは縮小していくべき**である。

おわりに

# 「トレンド」と「ボラティリティ」を如何に上手く使いこなすか

「上がってよし、下がってよしの株価かな」(故・竹田和平氏)

これは日本の多くの投資家・トレーダーから敬愛され2016年に永眠された竹田和平氏が遺された金言です。簡単に解説するなら、株価が上がれば単純に嬉しいし、下がれば下がったで安く買い増しできるチャンスなので嬉しいという意味になります。

竹田和平氏はそもそもが実業で傑出した成功を収めた大資産家であって、また株を永久保有に近い形で極めて長期にわたって保有するというスタイルでした。換言すれば、どこからどう見ても「トレーダー」ではなく「投資家」に属する方でしたし、実際にどれほどの資産額があったのかは分かりませんが、恐らく保有株の株価がたとえ1万分の1になったとしてもびくともしないだけの金銭的余裕はあったのでしょう。

であればこそ、このように何が起ころうと余裕綽々といった境地に容易にたどり着けたのかもしれません。しかしながら、筆者はこの境地こそトレーダーにとっても目指すべき最終到達地点であると考えます。

これに対しては、「いやいや買いであろうと売りであろうと、もし自分が取っているポジションに逆行するような動きがあれば不快に感じることこそあれ、嬉しいなどという感情が生まれるはずもない」との反論が、大方のトレーダーから出てくることでしょう。筆者とて例外ではなく、正直なところ、逆行するポジションを見て嬉しいというような心境にはいまだたどり着けていないことは事実です。

しかし、よくよく考えていただきたいのですが、トレーダーにとって最も恐ろしいのはボラティリティがゼロになってしまうこと（株価が全く動かなくなってしまうこと）や流動性がなくなってしまうことなのです。もし株価が動かなくなってしまえば、売っても買っても全く儲けられるチャンスはなくなってしまいますし、流動性がなくなって買う人も売る人もいなくなったなら売りたくても売れなくなってしまうからです。

換言すれば、流動性のある株式市場で、日々それなりに株価が元気よく上がったり下がったりしてくれるからこそ、トレーダーにとっては稼げるチャンスが生まれるのであって、そのようにしっかりとボラティリティがあり、市場が「生きている」ことに対しては感謝の念しか生じません。

要するに、個々のトレードでは負けとなることは永遠になくしようがありませんから、それを補って余りあるだけ勝つチャンスがそこにあるということが何よりも有り難いということになるわけです。そして逆行したポジションが苦痛であれば、トレーダーとしてはさっさと損切りをして、次のチャンスに備えればいいだけということになるのです。

正にボラティリティあってこその相場であり、相場とは詰まるところ、ボラティリティの中で如何に上手く立ち回るかが求められる極めて高度で知的なゲームであると言えそうです。

## ❖利食いにも損切りにも使えるボラティリティブレイクアウト

本書の主題の一つにもなっているボラティリティブレイクアウトは、利食いの際に使えるのは勿論、損切りの場合にも同様に使える極めて有効な手法です。

利食いも損切りもトレードの根幹を占めるものであり、それを明快にシグナルとして伝えてくれるものは意外にありそうでないものであって、多くのトレーダーはあるいはカンに頼り、あるいは感情に囚われることによって、大切な利食いや損切りのチャンスを見逃してしまうということが往々にして発生します。

ボラティリティブレイクアウトによって決して見逃してはならないトレンドの変化をいち早く捉え、決してトレンドに逆らわないようになることができれば、トレーダーとしての大きな武器となることでしょう。

トレーダーとして生き残り着実に成果を上げていくための秘訣は、詰まるところ、「トレンド」と「ボラティリティ」を如何に上手く使いこなせるかだと考えています。

実際、大暴落が起こる度に決まって消えていくのは、急激な下げトレンドに逆らい、またボラティリティの急上昇を無視して、下がる度に買いポジションを増やしていくような無謀な者たちなのです。本来なら、トレンドとボラティリティが発する警告を真摯に受け止め、それに逆らうことなく、ポジションを落とすのが生き残りのための鉄則と言えるものなのですが、それに逆らえば大打撃を受けるのは自明です。

有名な英語の相場格言に、Trend is (your) friend. というものがあります。直訳すると「トレンドは友達」ということで、その裏には「トレンドには決して逆らってはいけない」という意味を含むものなのですが、ボラティリティもまた味方にすべきものであって、決して敵に回すべきではありません。

トレンドとボラティリティの大切さについては本書を通じて何度も強調してきましたが、今後トレードで迷った時には、トレンドやボラティリティを敵にまわしているのではないかと自問することによって、解決への糸口を見つけるようにしていただきたいものです。

繰り返しになりますが、株価の動きとは極めて不条理なものですし、読者のみなさんが永遠に下げ続けるかと思われるような絶望的な下げ相場に直面せざるを得ないことも必ずあるでしょう。しかし、トレンドには決して逆らわない習慣を確実に身につけたトレーダーは、そこでは買いでは儲けられないまでも、少なくとも無限に損失を膨らませていくような事態に陥ることはないはずです。

ショートで儲けられるだけのスキルがあればショートを多用すればよいでしょうし、あるいは「休む」という究極の選択をすることも、組織に縛られない自由な個人トレーダーにとっては可能でしょう。

いずれにしても、これからの世界がどのようになるかが分からないように、未来の相場がどうなるかについても、誰にも正確に予想することなど不可能です。良い時もあれば悪い時も必ず来ます。トレーダーにとって大切なのは、そういった相場の現実を十分に理解し受け入れた上で、瞬間瞬間に変わり続けていく相場に対し、決して大きなトレンドに逆らうことなく適切に対処していくことのみなのです。

読者のみなさんが、今後どんなことが起ころうとも生き残り、ずっと相場を楽しみ続けられるような強く逞しいトレーダーとなられることを願ってやみません。

二〇二〇年四月吉日　荻窪 禅

[著者紹介]

**荻窪 禅**（おぎくぼ ぜん）

愛知県生まれ。30年超の経験を持つトレーダー。英国にてMBAを取得し、外資系銀行・コンサルティングファーム等でキャリアを積んだ後に独立。トレーダーとして頭角を現すきっかけとなったのは、ボラティリティブレイクアウトを利用した商品先物のシステムトレード。その後、主戦場を商品先物から日本株に移し、現在は日本株の順張りスイングトレードおよびデイトレードをメインとしている。

Sairyusha

**順張《じゅんば》りスイングトレードの極意《ごくい》**
**最強《さいきょう》トレーダーの知恵《ちえ》からボラティリティブレイクアウト活用術《かつようじゅつ》まで！**

二〇二〇年六月十日　初版第一刷
二〇二三年十月十七日　初版第三刷

著者　荻窪 禅
発行者　河野和憲
発行所　株式会社 彩流社
〒101-0051
東京都千代田区神田神保町3-10大行ビル6階
TEL:03-3234-5931
FAX:03-3234-5932
E-mail:sairyusha@sairyusha.co.jp

印刷　明和印刷（株）
製本　（株）村上製本所
装丁・組版　中山デザイン事務所


ISBN978-4-7791-2685-7 C0033
http://www.sairyusha.co.jp